Luca Cristini

IL GRANDE ARMORIALE DEL TOSON D'ORO

Volume 1: i primi 25 cavalieri della fondazione di Bruges (30 gennaio 1430)

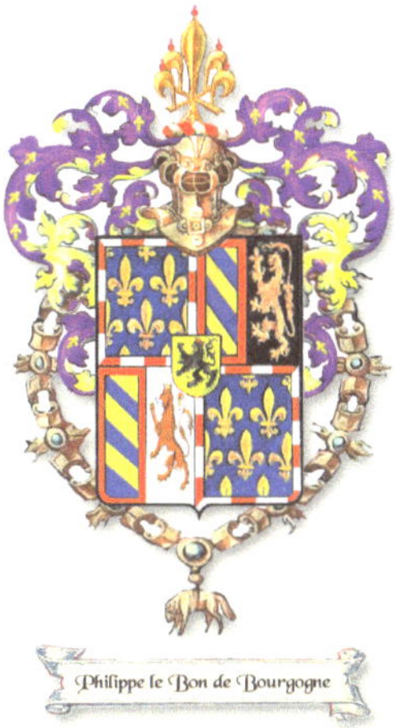

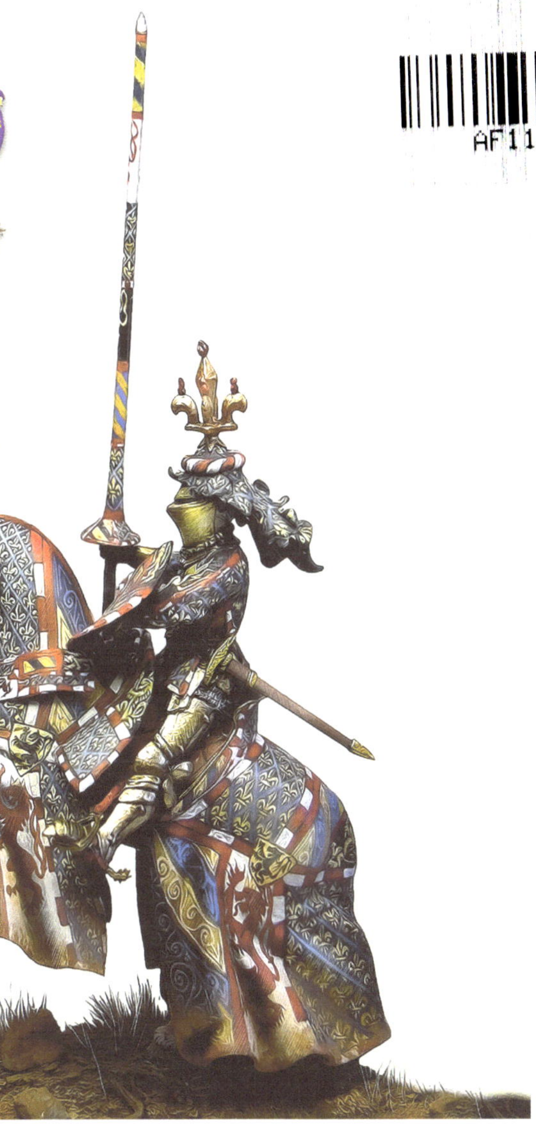

SOLDIERS&WEAPONS 013

AUTORI - AUTHORS:

Luca Stefano Cristini, bergamasco, appassionato da sempre di storia militare. Dirige da diversi anni riviste nazionali specializzate di carattere storico uniformologico. Ha collaborato con l'editore Albertelli e De Agostini. Ha pubblicato un importante lavoro, su due tomi, dedicato alla guerra dei 30 anni (1618-1648) e uno studio in tre volumi sull'esercito imperiale nell'età di Eugenio di Savoia, scritto con B.Mugnai. Ha firmato molto titoli delle collane Soldiershop. In ambito medievale ricordiamo, per la stessa collana Soldier&Weapon i due titoli sui cavalieri in giostre e tornei. Mentre per la collana Battlefield ha scritto e illustrato il titolo sulla battaglia di Tannenberg del 1410.

CREDITI FOTOGRAFICI E RINGRAZIAMENTI- PHOTOGRAPHIC CREDITS:

Diverse tavole a colori sono ispirate a figurini prodotti dalle ditte Soldiershop e Pegaso. Modelli montati e dipinti dall'autore, da Aldo Biagini e da Max de Bernardo. Le fotografie sono tutti scatti dell'autore. Dove fatti nei musei, raccolte o collezioni essi sono indicati in fondo alle didascalie. L'autore ringrazia gli amici Nicolas Bernier, Marco Micheli, Gustavo de Luca e Giuseppe Pogliani per la preziosa collaborazione.

All plates are inspired to model figures produced by Soldiershop and Pegaso Models. Assembled and painted by the author, Aldo Biagini and Max de Bernardo . All the shots are work of author of his collection, friend's collection, in various museums and associations. A special thanks go to Mr. Nicolas Bernier, Marco Micheli, Gustavo de Luca and Giuseppe Pogliani for his grateful help.

NOTE EDITORIALI - PUBLISHING'S NOTE

Tutto il contenuto dei nostri libri, in qualsiasi forma prodotti (cartacei, elettronici o altro) sono copyright di Soldiershop.com. I diritti di traduzione, riproduzione, memorizzazione con qualsiasi mezzo, digitale, fotografico, fotocopie ecc. Sono riservati per tutti i Paesi. Nessuna delle immagini presenti nei nostri libri può essere riprodotta senza il permesso scritto di Soldiershop.com. L'Editore rimane a disposizione degli eventuali aventi diritto per tutte le fonti iconografiche dubbie o non identificate. I marchi Soldiershop Publishing ©, e i nomi delle nostre collane - Soldiers&Weapons, Battlefield e War in Colour sono di proprietà di Soldiershop.com; di conseguenza qualsiasi uso esterno non è consentito.

None of images or text of our book may be reproduced in any format without the expressed written permission of Soldiershop.com. The publisher remains to disposition of the possible having right for all the doubtful sources images or not identifies. Our trademark: Soldiershop Publishing ©, The names of our series: Soldiers&Weapons, Battlefield, War in colour, PaperSoldiers, Soldiershop e-book etc. are herein © by Soldiershop.com.

SOLDIERS&WEAPONS
La principale delle nostre collane di libri. Dedicata alla storia militare, alle uniformi e alle armi dei grandi eserciti del passato. Basata su testi di 68-80 pagine con diverse tavole a colori nelle pagine centrali e molte illustrazioni in b/n.

ISBN: 978-88-96519-52-3 2nd edition: June 2016
Title: **IL GRANDE ARMORIALE DEL TOSON D'ORO** - Vol.1 : i primi 25 cavalieri della fondazione di **Bruges del 1430 (Soldiers&Weapons 013)** by Luca Cristini (testo e illustrazioni a colori)
Editor: SOLDIERSHOP PUBLISHING (ITALY). Cover & Art Design: Luca S. Cristini.

Copertina: **Filippo il Buono, Duca di Borgogna e fondatore dell'ordine del Toson d'Oro**
Cover: Philip the Good, also Philip III, Duke of Burgundy and creator of the Order of the Golden Fleece.

▶ **Collare dell'Ordine del Toson d'Oro** da una incisione spagnola di metà ottocento..
Chain of the Order of the Golden Fleece from a Spanish print of XIX century.

Printing by/Stampato da ColorArt s.r.l. di Rodengo Saiano (BS) Italy.

PREFAZIONE

Gli studi e libri sull'armoriale del Toson d'oro, vale a dire la raccolta delle araldiche dei primi cavalieri appartenenti all'ordine fondato da Filippo il Buono Duca di Borgogna, furono assai numerosi nei secoli scorsi, un po' meno nei tempi moderni. In ogni caso tutti risultano assai affascinanti, perché in essi vi traspare spesso quello che doveva essere lo sfarzo e il lusso dell'arte fiamminga raggiunta dai signori di Borgogna nella prima parte del XV secolo in cui nacque appunto il famoso ordine.

Il Toson d'oro è un ordine cavalleresco ancora oggi esistente, sia pure con finalità e soprattutto "costumi" assai diversi da quelli che andiamo qui ad analizzare e illustrare. Lo scopo della nostra ricerca, infatti è completamente dedicata ai primi cavalieri, a quelli che effettivamente salirono su cavalli elegantemente bardati e si sfidarono in cavallereschi ed elegantissimi tornei nelle piazze di Fiandra. Nel corso del pianificato lavoro sul grande armoriale del Toson d'oro, previsto su sei volumi, prenderemo in considerazione tutti i cavalieri nominati dai Duchi di Borgogna nei primi tre libri (79 brevetti). Concludendo fino a tutti i cavalieri nominati dagli Asburgo nominati da Filippo II di Spagna nei rimanenti tre libri (brevetto n. 284) passando per i Gran maestri Filippo il Buono, Carlo il Temerario, Massimiliano d'Austria e Carlo V.

Infine due parole sugli armoriali. Essi sono per definizione una raccolta di armi (più spesso definiti stemmi). Molti araldisti utilizzano questo termine per indicare qualunque raccolta, sia essa costituita da sole immagini o da sole blasonature o da entrambi questi elementi. Più correttamente si può definire armoriale solo la raccolta completa, mentre si possono definire stemmari le raccolte di sole immagini e blasonari le raccolte di sole blasonature.

Luca Cristini

"Non point pour jeu ne pour esbatement, mais à la fin que soit attribuée
loenge à Dieu trestout premièrement et aux bons gloire et haulte renommée"

Guillaume Machaut

INDICE - CONTENTS:

Lo Stato Borgognone	Pag. 5
Filippo II Duca di Borgogna	Pag. 7
L'Ordine del Toson d'Oro	Pag. 13
Il Toson d'oro diventa appannaggio degli Asburgo	Pag. 19
Numero degli insigniti	Pag. 19
Note per l'araldica del cavalieri del Toson d'oro	Pag. 21
I cavalieri dell'Ordine	Pag. 25
L'arte alla corte di Borgogna	Pag. 76
Bibliografia	Pag. 79

...a Nonna Piera

LO STATO BORGOGNONE

Il Ducato di Borgogna fu uno stato feudale sviluppatosi tra il IX e il XV secolo con capitale a Digione. Fu guidato dai potenti duchi di Borgogna, i cui possedimenti raggiunsero la massima estensione tra il 1363 e il 1477, anno in cui lo stato fu sciolto e venne diviso fra Francia e Impero. Il Ducato viene spesso denominato dagli storici: stato borgognone.

Questo potente stato era composto da svariate regioni spesso non collegate fra di loro. Oltre alla regione Borgogna propriamente detta, si aggiunsero le ricche Fiandre e svariate contee e provincie fra le quali: Chalon, Charolais, Macon, Autun, Nevers, Avallon, Tonnerre, Auxerre, Sens, Troyes, Auxonne, Bar e molte altre località minori. Parte dello stato era anche facente parte del Sacro Romano Impero. Questa provincia prese il nome di Franca Contea. Il Duca di Borgogna risultava anche essere signore della contea di Senlis e di Montbéliard.

Nel 1361 il Duca Filippo di Rouvres, ultimo dei capetingi a capo del Ducato di Borgogna muore senza lasciare eredi, il re di Francia Giovanni II il Buono, in quanto parente più prossimo ne rivendica il Ducato che viene così annesso alla corona francese e concede il feudo al proprio quarto figlio Filippo l'Ardito (1342-1404), che investito a Digione dal padre divenne Duca Filippo II di Borgogna.

Questi poi, alla morte del padre, grazie ad abili manovre diplomatiche del fratello Carlo V, nuovo re di Francia, nel 1369 si unì in matrimonio con Margherita di Male (Margherita II delle Fiandre), vedova di Filippo di Rouvres. Questo matrimonio portò in dote al giovane stato le ricche Fiandre, l'Artois e la Franca Contea e diede inizio al casato dei Borgogna-Valois.

Fu allora portata avanti, sia in Francia, sia in Borgogna, una particolare politica di decentramento che meglio permettesse la gestione di tante provincie lontane e separate fra loro. Il re di Francia Carlo V infatti si preoccupò non poco della successione ereditaria, dato che aveva sistemato tutti i suoi fratelli in importanti cariche Ducali o contee. Temendo che uno o più di essi potessero diventare troppo potenti, abolì il passaggio di poteri in assenza di eredi maschi, con rigida applicazione della legge salica.

Ma la sua morte, avvenuta presto nel 1380 pose sul trono suo figlio Carlo VI di soli dodici anni. Fu pertanto un consiglio di reggenza gestito dagli zii, fra i quali il potente Duca di Borgogna a governare la politica fiscale della Francia almeno fino al 1388. Questo fatto provocò la sostanziale indipendenza dei vari

◄ **Filippo il Buono, Duca di Borgogna** nel ritratto di Rogier van der Weyden (1400-1464).

Philip the Good, wearing the collar of firesteels of the Order of the Golden Fleece he instituted, copy of a Roger van der Weyden of c.1450

◄◄ **Miniatura fiamminga del XV secolo.** Nel suo candore un pò da fumetto questa miniatura lascia intuire lo sfarzo e il lusso della corte borgognona.

Flemish miniature dated to the fifteenth century. It is possible to notice the lavishness and sumptuousness of the Burgundian court.

principati e Ducati. Causa questa fra le principali nello scatenare la guerra civile tra Armagnacchi e Borgognoni.

Filippo di Borgogna inaugurò poi una fortunata politica di matrimoni, poi continuata dai suoi successori, che in qualche decennio portò al consolidamento di un potente Stato borgognone. Inizio facendo sposare nel 1385 il figlio ed erede Giovanni senza paura a Margherita alla figlia del Duca di Baviera-Straubing Alberto I, conte di Hainaut e di Olanda, e sua figlia Margherita a Guglielmo IV di Hainaut, figlio ed erede di Alberto, preparando così l'unione dei principati verso lo stato borgognone, che sarà poi realizzato da suo nipote e figlio di Giovanni senza paura: Filippo il Buono. Al raggiungimento della maggiore età, Carlo VI nel 1388 riprende il potere coadiuvato da nuovi consiglieri reali guidati dal connestabile Clisson. Questi acerrimo nemico del Duca di Borgogna convinse il giovane re ad organizzare una spedizione contro la Borgogna, ma Carlo VI, mentre cavalcava in una foresta nei pressi di Le Mans fu colto da improvvisa pazzia. Questa malattia comportò nuovamente la reggenza degli zii, che ripresero il potere allontanando i vecchi consiglieri. Fra i vari fratelli e famigli fu presto chiaro che lo scontro principale poteva avvenire solo fra Filippo di Borgogna ed il suo ambizioso nipote e fratello del re, Luigi di Valois, che, nel 1392, divenne Duca d'Orleans. Tale contesa durò fino alla morte di Filippo II di Borgogna avvenuta 1404 e continuò con il suo successore Giovanni Senza Paura, nuovo Duca di Borgogna.

Come detto Luigi d'Orleans non si arrese e si adoperò per sabotare anche il governo del nuovo Duca di Borgogna. Lo scontro divenne aperto e solo l'intervento di Giovanni di Valois, Duca di Berry e zio di entrambi, scongiurò una guerra civile. Il 20 novembre 1407 fu sancita una riconciliazione solenne al cospetto della corte di Francia, ma solo tre giorni dopo Luigi fu assassinato nelle strade di Parigi, per ordine di Giovanni di Borgogna. Fatto questo che pose le basi definitive per la futura rivolta degli armagnacchi.

Giovanni senza paura gestì con abilità demagogia (come gli aveva consigliato il padre), la politica di reggenza in Francia e nei suoi Ducati. In questi nello specifico unificò la contea di Borgogna, incorporando Besançon, rafforzò i legami tra la Borgogna e Paesi Bassi, acquistò nuove province fra le quali Thunder, Boulogne e la Piccardia.

Nel corso del suo regno ebbe a sostenere la guerra contro gli inglesi di re Enrico V che trionfarono ad Azincourt nel 1415 e la già citata guerra degli armagnacchi contro gli Orleans che in definitiva ne provocò anche il suo assassinio nel settembre del 1419, uccisione che a suo modo vendicava quello subito da Luigi d'Orleans nel 1407. La morte violenta del Duca spalancò le porte al figlio Filippo il Buono, che di tutti i duchi di Borgogna è colui che ci sta più a cuore, perché è a lui che si deve la creazione dell'Ordine cavalleresco del Toson d'oro.

FILIPPO II DUCA DI BORGOGNA

Filippo il Buono, III di Borgogna, nasce nel 1396 a Digione ed era l'unico figlio maschio di Giovanni Senza Paura, e di Margherita di Baviera-Straubing. Il 28 gennaio 1405, fu nominato Conte di Charolais in appannaggio di suo padre e contemporaneamente fu fatto fidanzare con Michela di Valois (1395–1422), figlia del re di Francia Carlo VI ed Isabella di Baviera. Il matrimonio fu celebrato nel giugno del 1409.
A seguito dell'assassino di suo padre da parte dei francesi, Filippo III a ventitré anni divenne Duca di Borgogna, conte delle Fiandre, Artois e Franca Contea. Animato dal desiderio di vendicare il padre, accusò suo cognato, il Delfino di Francia Carlo, di aver progettato l'omicidio del padre, e per conseguenza si avvicinò ad una alleanza con gli inglesi. Alleanza che venne stipulata nel 1420 con Enrico V di Inghilterra e suggellata con il Trattato di Troyes, del 21 maggio, dove venne deciso il matrimonio tra Enrico V d'Inghilterra e Caterina, la figlia del re di Francia Carlo VI e Isabella di Baviera, che adottarono il genero re inglese e ripudiarono il loro figlio, il "delfino" Carlo. Filippo di Borgogna affiancò nel governo del regno di Francia il re inglese Enrico. La Francia si trovò così inevitabilmente divisa in due, quella controllata dai borgognoni e dagli inglesi e quella sotto il controllo del delfino e gli armagnacchi. Nel 1422 morirono entrambi i pretendenti al trono di Francia: sia Enrico V che Carlo VI, per cui il nuovo re di Francia (e d'Inghilterra) fu il giovanissimo figlio di appena un anno del vincitore di Azincourt, il quale fu affidato alla tutela di Giovanni, Duca di Bedford, fratello di Enrico V. Nel 1423 l'alleanza con la Borgogna fu rafforzata grazie al matrimonio della sorella di Filippo il Buono, Anna col reggente di Enrico VI d'Inghilterra, Giovanni, Duca di Bedford, con il quale mantenne rapporti di cordiale e fattiva collaborazione.
Rimasto vedovo di Michela di Valois, il Duca di Borgogna, il 30 novembre 1424, si risposa con Bona d'Artois (1393–1425), figlia di Filippo d'Artois, Conte di Eu. Tuttavia questo matrimonio dura pochi anni, e dopo essere rimasto vedovo per la seconda volta, Filippo, nel 1426 conobbe quello che sarebbe diventato suo futuro cognato (e futuro cavaliere dell'ordine del Toson d'oro) Pietro del Portogallo (Duca di Coimbra) che per due

◄ Il Duca Giovanni di Borgogna, noto anche come Giovanni senza paura (Digione, 28 maggio 1371 – 10 settembre 1419) fu conte di Nevers dal 1384 al 1405 Duca di Borgogna, conte di Borgogna (Franca Contea), Artois e Fiandre dal 1404, alla sua morte. Giovanni era figlio del Duca di Borgogna, Filippo II l'Ardito e di Margherita di Male, erede delle contee di Fiandra, di Nevers, di Rethel, di Borgogna e d'Artois, e pretendente dei Ducati di Brabante e Limburgo.

John the Fearless (John II, Duke of Burgundy), (28 May 1371 – 10 September 1419), was Duke of Burgundy from 1404 to 1419.

► Assassinio del Duca di Borgogna, Giovanni Senza Paura, sul ponte di Montereau, nel 1419. Da una miniatura delle *"Chronicles"* di Monstrelet.

Assassination of the Duke of Burgundy, John the Fearless, on the Bridge of Montereau, in 1419.

anni rimase presso la corte borgognona. Pietro entrato in amicizia con il Duca, suggerì a questi il matrimonio con la sorella Isabella. Nel 1428 partì quindi una delegazione borgognona alla volta del Portogallo, che fra l'altro includeva il famoso pittore Jan van Eyck, che fece due ritratti alla principessa Isabella, e rientrò in Borgogna, nel 1429. Le nozze con Isabella (1397-1471), figlia di re Giovanni I di Portogallo e Filippa di Lancaster, furono celebrate in grande pompa a Bruges il 7 gennaio 1430. Nei giorni immediatamente successivi, il 10 gennaio sempre a Bruges, a suggellare le feste e la felicità del Duca venne creato L'Ordine del Toson d'oro che venne quindi a coronare il proprio matrimonio con la principessa portoghese.

Sempre nel 1430 il mattino del 23 maggio, a Compiègne, le truppe del Duca Filippo catturarono Giovanna d'Arco, che aveva appoggiato l'ascesa del nuovo re di Francia Carlo VII. In seguito Giovanni di Luxembourg, un ufficiale borgognone (e cavaliere del Toson d'oro) la consegnò, per 10.000 lire tornesi al vescovo di Beauvais, e tramite lui agli inglesi, che le intentarono contro un processo per eresia che portò Giovanna a essere arsa sul rogo il 30 maggio 1431.

Dopo questo tragico avvenimento, uno scosso Filippo cercò di riavvicinarsi a Carlo VII, che, nel frattempo era stato incoronato re di Francia a Reims. Dopo alcuni anni, il 21 settembre 1435, si giunse quindi agli accordi di Arras, dove Filippo riconobbe Carlo VII come re di Francia, in cambio dell'umiliazione di questi per l'omicidio del padre di Filippo, Giovanni Senza Paura, della piena sovranità sui suoi territori borgognoni, e con la stipula della possibilità per Filippo e i suoi eredi di poter ricevere il titolo reale. Questo fatto segnò la fine della guerra civile fra francesi e borgognoni, ma ovviamente riaccese gli scontri con gli inglesi. Nel 1435 Filippo attaccò Calais, in accordo con i termini del Trattato di Arras. La reazione inglese fu immediata, ed in alleanza con l'imperatore Sigismondo attaccarono congiuntamente la Borgogna, chi per prendere le Fiandre, chi il Brabante. Comunque anche grazie anche alla rinnovata alleanza con la Francia, Filippo riuscì a tenere le posizioni fino alla normalizzazione dei rapporti con gli inglesi che avvenne nel 1439.

Tuttavia una volta che l'ingerenza inglese stava inevitabilmente sciamando, il re di Francia, Carlo VII, iniziò una politica di ostilità nei confronti del Duca di Borgogna, Filippo che durò fino alla morte del sovrano francese. Infine, con la successione di Luigi XI a Carlo VII, nel 1461, si ebbe una parziale tregua che tuttavia durò poco, dopodiché gli interessi del regno di Francia prevalsero e il rapporto ridivenne conflittuale.

Filippo riuscì comunque a mantenere intatto il suo dominio, nonostante dovesse contrastare anche le mire espansionistiche dell'imperatore Sigismondo. Alla morte di questi le cose migliorarono ma Filippo, non riuscì mai a farsi riconoscere il titolo di re. Dopo l'aggiunta del Ducato del Luxembourg, ereditato dalla zia Elisabetta di Goerlitz lo Stato Borgognone sotto Filippo il Buono è all'apice della sua potenza.

La corte di Filippo è ricordata per il suo splendore e sfarzo. Essa, anche grazie alle enormi ricchezze del Duca, attraeva artisti e scrittori in gran numero. La letteratura borgognona e l'arte fiammingo-borgognona avevano raggiunto un notevole prestigio esercitando un'egemonia completa sull'arte francese del tempo.

Il Duca Filippo fu considerato un governante eccentrico, col "pallino" delle virtù cavalleresche. Rifiutò di entrare nell'Ordine della Giarrettiera nel 1422, anche per non far torto al re di Francia allora impegnato nel conflitto contro gli inglesi, ma come detto ne creò uno proprio nel 1430, l'Ordine del Toson d'oro, basato sui Cavalieri della Tavola Rotonda ed ovviamente anche sull'ordine inglese della Giarrettiera. La Borgogna di Filippo non ebbe mai una capitale fissa, e la sua corte sceglieva di volta in volta località le più diverse, fra le più gettonate Bruxelles, Bruges, Digione o Lilla. Il Duca Filippo ormai vecchio e stanco, nel 1465, si ritirò dall'agone politico, lasciando le redini del governo al figlio, Carlo il Temerario. Il 15 giugno 1467, Filippo il Buono morì a Bruges, all'età di 71 anni. Gli succedette suo figlio Carlo alla guida del Ducato di Borgogna. Carlo il Temerario, come i suoi predecessori voleva ricostruire l'antica Lotaringia, collegando le zone a nord: fiamminghe e olandesi con le aree più centrali della Borgogna, per far ciò cercò di espandersi annettendo la Champagne, la Lorena e l'Alsazia. Carlo il Temerario non ebbe alcun timore di sfidare il re di

◄ **La corte di Filippo il Buono, Duca di Borgogna** in una tela del 1881 di Willem Geets.

The Ducal Court of Philip III, the "Good", Duke of Burgundy in a painting of William Geets dated to 1881.

► **Isabella del Portogallo,** o Isabella di Aviz (Évora, 21 febbraio 1397 – Aire, 17 dicembre 1472) fu principessa della casa reale portoghese prima di essere duchessa consorte di Borgogna dal 1430 al 1467. Dipinto di Rogier van der Weyden.

Portrait of Isabella of Portugal (wife of Philip III Duke of Burgundy) Attributed to the atelier of Rogier van der Weyden.

◄ **Territori della casa dei Borgogna-Valois**
al tempo della loro massima espansione sotto Carlo il Temerario nel 1477. Tavola realizzata da Marco Zanoli.

Territories of the House of Valois-Burgundy during the reign of Charles the Bold, 1465/67–1477. Artwork by Marco Zanoli.

► **Battaglia di Montlhéry (1465)**
Incisione xilografica su legno incisa da Trichon. 1881

The battle of Montlhéry of 16 July 1465, where Charles the Bold defeated Louis XI of France. The town was left in ruins by the Wars of Religion, but it was rebuilt in 1591 under Henry IV.

Francia Luigi XI, impegnandosi nella sanguinosa battaglia di Montlhéry nel 1465, e assediando Parigi subito dopo. A seguito di queste prime campagne il Duca recupera la Piccardia, il Brie e la Champagne oltre alla città di Boulogne. Nel 1469 Carlo acquista da Sigismondo d'Austria Asburgo l'Alsazia e la città di Friburgo in Brisgovia.
Tuttavia le guerre contro gli svizzeri finiranno per indebolire non poco l'animoso Duca, che dopo le sconfitte di Grandson e Morat finirà i suoi giorni tragicamente durante l'assedio di Nancy nel 1477, lasciando come unica erede la figlia Maria di Borgogna. Questa, nel tentativo di salvare il Ducato dalle pretese del re di Francia, andrà in sposa a Massimiliano I d'Asburgo futuro imperatore, ma l'operazione non ebbe successo ed il titolo di Duca di Borgogna e il Ducato furono divisi in due. Re Luigi XI, divenne Duca di Borgogna annettendosi l'omonima regione mentre gli Asburgo d'Austria mantennero per nome di Maria, le Fiandre e la Franca Contea. Gli Asburgo, in particolare, l'imperatore Carlo V, cercarono costantemente di ritornare in possesso dei loro diritti riconosciuti nel Ducato di Borgogna, senza successo. Questo problema causò conflitti ricorrenti tra la Francia e l'impero. Ma il sogno della Grande Borgogna finì con la tragica scomparsa di Carlo il Temerario.

L'ORDINE DEL TOSON D'ORO

Uno dei più famosi e universalmente noti cavallereschi, insieme all'ordine della Giarrettiera fu l'Ordine del Toson d'oro. Sulla falsariga del citato ordine inglese il Toson d'oro fu istituito il 10 gennaio 1430 da Filippo III di Borgogna a Bruges per celebrare il proprio matrimonio con la principessa portoghese Isabella d'Aviz. L'Ordine fu dedicato a Sant'Andrea, che ancora oggi è il patrono supremo dell'Ordine.

◄ **Frontespizio dell'opera di Jean Baptiste Maurice sul grande armoriale del Toson d'oro** opera del 600 che riporta le tavole araldiche e blasoni di quasi 500 cavalieri dell'ordine.
Book Cover of the work of Jea Baptiste Maurice dedicated to the great Armorial of the Order of the Golden Fleece. This massive work dated to the seventeenth century quotes the heraldic shields and badges of slightly less than 500 knights of the Order.

▼ **Il Duca di Borgogna** nella tenuta ufficiale di Sovrano dell'Ordine del Toson d'Oro
The Duke of Burgundy in the official dress of the Sovereign of the Order of the Golden Fleece.

Ogni anno, il 30 novembre, giorno dedicato appunto a Sant'Andrea era previsto che il che i cavalieri si ritrovassero in un capitolo generale allo scopo di esaminare eventuali impegni e incombenze dell'Ordine stesso.

Come l'Ordine della Giarrettiera, esso si distinse, almeno all'inizio per avere un numero limitato di cavalieri che potevano ricevere l'onorificenza che inizialmente erano 24, passati già a 30 nel 1433 e divenuti 50 nel 1516, oltre chiaramente al sovrano o Gran Maestro dell'ordine.

La grande peculiarità e novità di questo Ordine borgognone che lo rese davvero esclusivo, il più importante in Europa e certamente uno dei più prestigiosi al mondo, furono gli straordinari privilegi di cui i suoi insigniti potevano disporre:

Il Gran Maestro dell'Ordine era tenuto a convocare una riunione con la consulta dei cavalieri dell'Ordine del Toson d'Oro prima di entrare in guerra e ogni qualvolta si doveva decidere nuove nomine o decisioni a carico dei cavalieri componenti l'assise.

Tutte le dispute tra i membri dell'ordine dovevano essere necessariamente discusse solo all'interno dal consiglio dell'Ordine stesso. Alla morte, o allontanamento del cavaliere proprietario del brevetto, le sue insegne dovevano necessariamente tornare all'Ordine, con pesanti multe ed ammonizioni per quanti non rispettavano questa regola.

I cavalieri dell'Ordine, in qualità di 'parenti' del sovrano, godevano di una quasi totale immunità giudiziaria. L'arresto e la conseguente privazione di libertà di uno degli insigniti doveva essere siglato da almeno sei membri del consiglio dei cavalieri insigniti e, prima della sentenza, l'accusato non poteva essere imprigionato, ma rimaneva in custodia degli altri cavalieri che ne facevano da garanti. L'Ordine era esplicitamente negato per gli eretici di qualsivoglia confessione, divenendo soprattutto dopo la controriforma esclusivamente per cattolici di Santa romana chiesa.

L'Ordine veniva concesso esclusivamente a nobili. Per quanti (pochi) non lo fossero all'atto della consegna del sacro collare, si provvedeva alla sua 'nobilitazione' all'atto stesso di conferimento del brevetto. Il più famoso Gran Maestro dell'Ordine, oltre al suo fondatore, fu certamente Carlo V (1500-1558), imperatore del Sacro Romano Impero, che far i vari membri, concesse tale onore, come era usanza, a suo figlio Filippo II, ma anche al noto ammiraglio genovese Andrea Doria, al Duca di Parma Alessandro Farnese al GranDuca di Toscana Cosimo I de' Medici, a Vespasiano Gonzaga e a molti altri nobili cavalieri italiani. La prestigiosissima onorificenza consacrava definitivamente la gloria, il potere e la nobiltà della stirpe delle famiglie designate.

Altri nobili personaggi italiani a cui è stato conferito il cavalierato dell'ordine sono Galeazzo Caracciolo, Marcantonio Colonna, Guidobaldo II della Rovere e suo figlio Francesco Maria II della Rovere, Francesco IV d'Este, Ferrante I Gonzaga, Raimondo Montecuccoli e molti altri. L'Ordine in breve tempo divenne uno dei più prestigiosi in Europa, ed entrare a farne parte significava essere riconosciuto a tutti gli effetti come membro dell'alta nobiltà europea.

A simbolo dell'Ordine venne adottato un raffinato tosone (agnello) d'oro, elaborato dal più importante e affermato orafo fiammingo al servizio dei Borgogna: l'artista di Bruges Jean Peutin.

◄ **Il patrono dell'ordine fu Sant'Andrea** qui riproposto in un frontespizio seicentesco, mentre sorregge un disco in cui è mostrato il collare del Toson d'oro sostenuto da due tronchi a formare la croce di Borgogna.

- The saint patron of the order was Saint Andrew. This book cover, which dates to the sixteenth century, depicts Saint Andrew showing a disc in which is possible to see the chain of the Order of the Golden Fleece supported by two shafts forming the Cross of Burgundy.

► **Filippo il Bello conferisce** al giovanissimo figlio Carlo del Lussemburgo, il titolo di cavaliere del Toson d'Oro. Tela di Albrecht de Vriendt (1843-1900). Brooklyn Museum

Philip I, the Handsome, Conferring the Order of the Golden Fleece on his Son Charles of Luxembourg (Philippe Ier le Beau, conférant à son fils Charles de Luxembourg le titre de Chevalier. Albrecht de Vriendt (1843-1900). Brooklyn Museum

◀ **Giasone ruba il vello d'oro con l'aiuto di Medea** in questa miniatura del primo cinquecento è rappresentata una scena della famosa leggenda legata al vello d'oro.

Jason steals the golden fleece with Medea's help from a miniature of 1519.

▶ **Ecco gli stalli e il coro originali della cattedrale di San Salvatore** dove venne fondato da Filippo il Buono Duca di Borgogna l'Ordine del Toson d'Oro, e dove avvennero anche successivi capitoli. Notate i blasoni posti sopra gli scranni. Opere fiamminghe di grandi incisori e artisti del 400 e 500.

The original stalls and choir of the Saint Salvator Cathedral, where Philip III, the "Good", Duke of Burgundy established the Order of the Golden Fleece, and where the successive chapters were established. It is possible to see the coats of arms on the high-backed chairs. Flemish engraving of the fifteenth or sixteenth century.

Tale collare era, ed è ancora composto da acciarini (detti anticamente focili) d'oro contrapposti a gemme che simulano pietre focaie e sprizzanti simboliche fiammelle (le scintille). Il collare presenta nella sua parte inferiore la figura di una pelle di ariete "pendente e traballante" (il tosone, dal francese toison, propriamente il vello tosato (d'oro) della mitologia) recante il motto *"pretium non vile laborum"*. Il collare era utilizzato per le cerimonie ufficiali e vi erano anche versioni ridotte destinate ai bambini. Dal XVI secolo, per praticità, entrò in uso anche un nastro da collo di colore rosso come la tunica degli adepti, che portava in sospensione il toson doro. Questo modo di portare l'insegna dell'Ordine era utilizzato per la quotidianità e veniva sostituito dal pesante collare in oro durante le cerimonie più importanti. L'immagine del toson riprendeva come detto, la leggenda legata al mitico vello d'oro rubato dagli Argonauti nella Colchide.

Ricordiamo brevemente tale leggenda: Atamante ripudiò la moglie Nefele per sposare Ino. Quest'ultima odiava Elle e Frisso, i figli che Atamante aveva avuto da Nefele, e cercò di ucciderli per permettere a suo figlio di salire al trono. Venuta a conoscenza dei piani di Ino, Nefele chiese aiuto ad Ermes che le inviò un ariete alato, con una caratteristica pelliccia dorata, il quale caricò in groppa i due fratelli e li trasportò, volando, nella Colchide. Elle cadde in mare durante il volo ed annegò, mentre Frisso arrivò a destinazione e venne ospitato da Eete. Frisso sacrificò allora l'animale alato agli dei, donando il vello ad Eete, che lo nascose in un bosco, ponendovi un drago di guardia. Il vello venne successivamente rubato da Giasone e dai suoi compagni, gli Argonauti, con l'aiuto di Medea, figlia di Eete. Il mito sembrerebbe rifarsi ai viaggi compiuti dagli antichi greci alla ricerca di oro (secondo alcuni però non si trattava del prezioso metallo ma del grano, anch'esso scarso sulle montagne della Colchide), di cui la penisola greca è assai scarsa.

L'ordine del Toson d'oro adottò i seguenti motti:

"Pretium Laborum Non Vile" (La ricompensa per il lavoro non è disdicevole)
"Ante ferit quam flamma micet" (Ferisce prima che la fiamma splenda)
"Non Aliud" o *"Aultre n'auray"* (non altro).

Quest'ultimo era il motto personale (*Aultre n'auray*) del Duca Filippo III di Borgogna. Ancora oggi non è chiaro perché si sia scelto il simbolo del vello d'oro della tradizione greca. Si ipotizza che ci fosse un collegamento al ricco, antico e florido commercio della lana nelle Fiandre. Ancora, un parallelo del viaggio degli Argonauti in oriente, che simboleggiava una crociata contro gli infedeli in Terra santa. L'immagine del Toson d'oro ha anche evidenti valori simbolici: la pecora è il simbolo per eccellenza d'innocenza e l'oro è simbolo della spiritualità, di modo che gli Argonauti/Cavalieri assumono connotati particolari, nobili ed elevati come di coloro che cercavano la grandezza dello spirito per depurare l'anima. Come detto le riunioni avvenivano nel giorno di sant'Andrea, ma non solo. Esse erano presiedute dal capo dell'ordine o Gran Maestro, a sua volta assistito da quattro ufficiali: il Cancelliere. Lo Scrivano, il Tesoriere e il Re d'armi.

Tali riunioni avvenivano all'interno del coro di una chiesa. Al centro era piazzato l'alto scranno del Sovrano dell'Ordine. Mentre i cavalieri erano disposti su due linee di stalli, posti uno di fronte all'altro, riccamente incisi ed elaborati. Al di sopra dei loro sedili era posto un il prezioso blasone dipinto di ogni cavaliere, che ne riportava nome titoli e araldica. Gli "stalli" dei cavalieri defunti erano ricoperti di un telo nero. Tale insegna era riportata, in dimensione maggiore anche quella del Sovrano. I quattro ufficiali preposti invece occupavano posto su dei sedili più bassi davanti a una grande scrivania. La riunione di un Capitolo prendeva solitamente diverse giornate durante le quali si succedevano uffici religiosi, discussioni e festeggiamenti. Mentre le riunioni destinate all'elezione di nuovi cavalieri avvenivano rigorosamente a porte chiuse.

I primi tre anni dopo la fondazione dell'ordine videro regolari riunioni sempre il giorno di Sant'Andrea, ma dopo il 14343 queste si diradarono e ogni anno succedeva che solo pochi cavalieri si incontrassero per festeggiare la giornata del patrono del Toson d'oro. Così negli anni dal 1431 al 1559, l'Ordine avrebbe dovuto ritrovarsi ben 129 volte, ed invece i capitoli furono, negli stessi anni solo 23. Sotto Filippo il Buono, fondatore dell'ordine si tennero i seguenti capitoli: Lille 1431, Bruges 1432, Digione 1433, Bruxelles 1435, Lille 1436, Saint Omer 1440, Gand 1445, Mons 1451, La Haye 1456 e Saint Omer 1461. Sotto il suo successore Carlo il Temerario si tennero capitoli a: Bruges 1468 e a Valenciennes 1473. Con il passaggio della sovranità dell'ordine agli Asburgo a partire da Massimiliano I° a Bruges 1478 e a Bois le Duc nel 1481. Sotto Filippo il Bello a Malines 1491, Bruxelles 1501 e a Middlebourg nel 1505. Sotto suo figlio Carlo V si tornò a Bruxelles nel 1516, a Barcellona 1519 e a Tournai 1531. Infine sotto Filippo II di Spagna ad Anversa nel 1555 e a Gand nel 1559. Questo di Gand fu anche l'ultimo capitolo che si tenne. Filippo II anche in considerazione della enorme estensione dei suoi stati, della eterogenea provenienza dei cavalieri ritenne che sarebbe stato complicato continuare a mantenere in vita questa tradizione, accorpando direttamente su di se il diritto e l'opportunità di scegliere tutti i futuri cavalieri da inserire nell'Ordine.

Il Toson d'oro diventa appannaggio degli Asburgo

Dopo Massimiliano d'Austria e Filippo il Bello, nel XVI secolo, il gran magistero dell'Ordine passò di diritto all'Imperatore Carlo V del Sacro Romano Impero, avendo egli ereditato la Borgogna da sua madre, erede dell'ultimo Duca. Dal momento che sotto il suo governo era

◀ **L'imponente cattedrale di San Salvatore** con la sua maestosa torre alta 99 m, fu il luogo dove nacque l'ordine del Toson d'Oro ed è ancora oggi uno dei simboli di Bruges.

The magnificent Saint Salvator Cathedral, with its impressive tower, 99 m high. This was the location where the Order of the Golden Fleece was created. Today is still one of the city-symbols of Bruges.

▶ **Il prezioso collare del Toson d'oro**

Chain of the Order of the Golden Fleece.

stata praticamente riunita tutta l'Europa, l'Ordine del Toson d'Oro divenne la più potente organizzazione cavalleresca esistente nel mondo. L'Ordine ricevette quindi la piena approvazione e il totale sostegno della Santa Sede, che gli concesse quindi anche speciali privilegi spirituali. Oltre all'Imperatore, quindi, l'Ordine iniziò con maggiore frequenza e regolarità, l'inserimento nei suoi ranghi di importanti cavalieri come i re di Francia, Portogallo, Scozia, Ungheria e Polonia oltre ai duchi di Baviera, Sassonia, Firenze, Savoia e Danimarca e molti altri. Nel 1577 Filippo II di Spagna, figlio di Carlo V, ottenne da papa Gregorio XIII il formale assenso a proclamare direttamente e senza necessità di consultazioni la nomina di cavalieri tra le alte classi sociali, rendendo quindi l'Ordine ancora più influente e migliorando lo stesso status sociale del cavalierato. L'Ordine divenne pertanto il più importante ordine cavalleresco al mondo. Persino i cavalieri dell'Ordine del Santo Sepolcro che presso la Santa Sede vantavano da sempre diritti di primigenia, dovettero cedere il passo a quelli del Toson d'Oro. Gioco forza, a partire soprattutto dal XVII secolo, l'ordine del Toson d'oro perse la sua antica tradizione e significanza cavalleresca, divenendo innanzitutto un privilegio reale, trasformandosi nei fatti in simbolo di distinzione e di fiducia regia.

Numero degli insigniti

All'atto della fondazione nel 1430 furono nominati i primi 24 cavalieri (più il Sovrano), tutti nobiluomini della corte di Filippo di Borgogna. Nel 1433 il numero degli insigniti era salito a 30 cavalieri. Nel 1516 tale numero viene aumentato a 50 cavalieri. Nel XVII secolo si ha un nuovo aumento che porta a 60 cavalieri. Il secolo successivo a 70 e dal XIX secolo non vi sono più limiti al numero totale dei cavalieri. L'ordine del Toson d'oro sopravvive ancora oggi e riunisce tutti i bei nomi della nobiltà europea e non solo. Esso risulta diviso in due rami (ordini): quello austriaco e quello spagnolo. Attualmente i due ordini mantengono la prevalenza di nomine entro le teste coronate e i maggiori nobili d'Europa e del mondo, sebbene nel ramo spagnolo siano stati ammessi anche politici di rilievo e borghesi. Nel ramo spagnolo, l'unico considerato propriamente "statale" è stata inoltre abolita l'esclusività di concessione ai cattolici.

Oggi fra i cavalieri dell'ordine austriaco troviamo soprattutto principi e nobili delle famiglia Asburgo e di area tedesca. In quello spagnolo figurano moltissimi sovrani fra i quali: Juan Carlos I di Spagna (n. 1938) attuale capo dell'Ordine. Carlo XVI Gustavo di Svezia (n. 1946). Akihito, imperatore del Giappone (n. 1933). Beatrice dei Paesi Bassi (n. 1938). Elisabetta II del Regno Unito (n. 1926). Alberto II del Belgio (n. 1934). Simeone II di Bulgaria (n. 1937). Bhumibol Adulyadej, Re di Thailandia (n. 1927). Adolfo Suárez González (n. 1932). Abd Allah dell'Arabia Saudita (n. 1924).

SIMBOLI DEI COLORI IN ARALDICA

In araldica i colori si dividono in smalti: rosso, azzurro, verde, nero e porpora. I metalli: oro e argento e le pellicce: armellino e vair (vaiato).

Oro: (giallo)
Pianeta: il Sole. Pietra: il topazio. Tra le virtù spirituali, è ritenuto simbolo di fede, purezza, verità, clemenza, temperanza, carità e giustizia. Tra le qualità mondane invece simboleggia felicità, amore, intelligenza, gaudio, nobiltà, splendore, gioia, sovranità.

Argento: (bianco)
Pianeta: Luna. Pietra: la perla. Tra le virtù spirituali è simbolo di purezza, saggezza, verginità, innocenza, umiltà, verità, giustizia, temperanza, equità e ricchezza. In generale è simbolo della Terra, l'amicizia, clemenza, gentilezza, sincerità, concordia, allegrezza, vittoria, eloquenza. Il suo colore però rimanda anche al pallore del cadavere, e quindi di rimando alla morte, con la significanza tuttavia di ascensione spirituale alla luce e alla resurrezione. Ricordo che i metalli hanno sempre la precedenza sugli smalti. Perciò appaiono sempre per primi nell'elenco e nel blasone.

Gueule: (rosso)
Pianeta: Marte. Pietra: il rubino. Il rosso nell'araldica francese e inglese ha il nome di Gueule. Pare che l'origine della parola derivi dal persiano gul o ghiul, che indica un rosa pallido. L'etimologia tuttavia è dubbia, la parola *'gueules'* era correntemente utilizzata nel vocabolario dei tintori per indicare le pellicce fatte con le pelli di faina o martora, con cui fra l'altro si vestivano i vescovi. Un sinonimo, benché molto meno usato, è 'cinabro'. Fra le sue virtù spirituali, il rosso simboleggia verecondia, amore ardente verso Dio, il prossimo e la giustizia. In generale è simbolo del fuoco, la guerra e la forza, la virilità, nobiltà, dominio, vendetta, audacia, coraggio, valore, magnanimità, desiderio ardente. Nei tornei indicava allegrezza

◄ **Antico frontespizio del citato libro sul Toson** cui appartiene anche l'immagine di pag. 12, in cui sono mostrate le parti dell'araldica: smalti, metalli e pelli oltre ad una lista dei coronati e titolati appartenenti all'ordine verso la metà del 600.

- Ancient book Cover of the already quoted Book on the Golden Fleece, from which comes the image depicted on page 12. Here are shown various parts of heraldry, enamels, metals, furs (skins?), together with a list of the crowned and blazoned members of the order in the middle of the sixteenth century.

► **Esemplare del Toson d'oro** appartenuto a Vespasiano Gonzaga Duca di Sabbioneta, che fu per l'appunto anche un cavaliere del Toson d'Oro.

Specimen of the Golden Fleece, which belong to Vespasiano Gonzaga, Duke of Sabbioneta, who was as well a Knight of the Golden Fleece.

Azzurro:
Pianeta: Giove. Pietra: zaffiro. Malgrado il suo nome, l'azzurro araldico è assai diverso dal colore del cielo, ed è invece un colore netto e intenso vicino al blu. Tuttavia a causa della sua relazione con il cielo, l'azzurro simboleggia tutte le virtù più elevate e, tra quelle spirituali, devozione, fedeltà, lealtà, perseveranza, castità, giustizia, santità. In generale simboleggia bellezza, nobiltà, pace, contemplazione, fortezza, fermezza incorruttibile, vigilanza, vittoria, ricchezza, amore per la patria, buon augurio, fama gloriosa e l'infinito. Nei tornei cavallereschi indicava gelosia.

Sable: (nero)
Pianeta: Saturno. Pietra: diamante. Nell'araldica francese e inglese ha il nome di Sable, parola che deriva dal russo *sobol* che indica lo zibellino dalla pelliccia nera, o dal tedesco *zobel*, la martora nera. In origine il termine sable era utilizzato per indicare una pelliccia scura. Nell'araldica inglese si usa il termine *diamond o adamant* per indicare lo smalto nero utilizzato nelle armi dei semplici gentiluomini, in riferimento alla pietra simbolo dello smalto. Il nero simboleggia il lutto, la morte, la fedeltà al signore fino alla morte e l'umiltà. In generale il dolore, il male, il mondo sommerso, il tempo ma anche la fecondità e la rinascita.

Sinople: (verde)
Pianeta : Venere. Pietra: smeraldo. Nell'araldica francese ha il nome di Sinople. L'origine del termine è misteriosa, fra l'altro in passato esso indicava il colore rosso. Verso la metà del 1300 la parola passa a designare il colore verde. Detronizzato da gueules, sinople è caduto in desuetudine, presente ma raramente nei vecchi armoriali. Il verde simboleggia amore, libertà, gioia, amicizia, abbondanza, allegrezza, civiltà, cortesia, vigore, onore, vittoria e santità. In generale rappresenta l'acqua, la natura, la germinazione e la putrescenza. Nei tornei era simbolo di speranza nella vittoria.

Porpora:
Pianeta: Mercurio. Pietra: ametista. Il porpora, detto anche paonazzo, è uno smalto araldico di colore variabile dal grigio bruno al rosso violaceo. È piuttosto raro ed è soprattutto utilizzato nel blasone degli ecclesiastici. Porpora però era anche il colore imperiale per eccellenza, particolarmente se in accostamento all'oro. Nell'araldica inglese viene definito *mercure*, dal pianeta in abbinamento. Tra le virtù spirituali simboleggia fede, temperanza, castità, verecondia, devozione e sovranità. In generale è simbolo di nobiltà cospicua, signorile grandezza, ricompensa d'onore, ricchezza, liberalità, sovranità e regia dignità. Nei tornei cavallereschi era simbolo di amore.

Armellino: è un termine utilizzato in araldica (al posto di ermellino, di cui condivide il significato) per indicare uno delle 'pellicce' araldiche. Designa una pelliccia bianca moscata di nero. Il capo di abbigliamento, generalmente un manto o una guarnizione, veniva ottenuto utilizzando la pelliccia bianca dell'animale decorata ("moscata", cioè macchiettata) con le punte delle code, sempre nere, tenute separate. L'armellino è la pelliccia più nobile ed è utilizzata come fodera del mantello di re e principi, oltre che come risvolto del copricapo papale camauro.

Vair: (vaiato) colore araldico del gruppo delle pellicce, costituito da quattro file di pezze (dette campanelle) accampanate ed alternate solitamente, ma non solo, di argento e di azzurro. Vaiato è anche un termine utilizzato in araldica per indicare una pezza piena di vaio minuto. Quando non azzurro o argento, nella blasonatura viene indicato per primo il colore delle campanelle che hanno la punta rivolta in basso.

Lambello: figura araldica composta di una barra o lista dal quale pendono delle linee verticali dette gocce. Tre è il numero usuale. Il lambello è considerato una delle brisure (elemento che modifica un blasone ereditato. È utilizzata per distinguere figli primogeniti, cadetti o bastardi) più nobile. La sua posizione ordinaria è nel capo, vale a dire nella parte alta dello stemma.

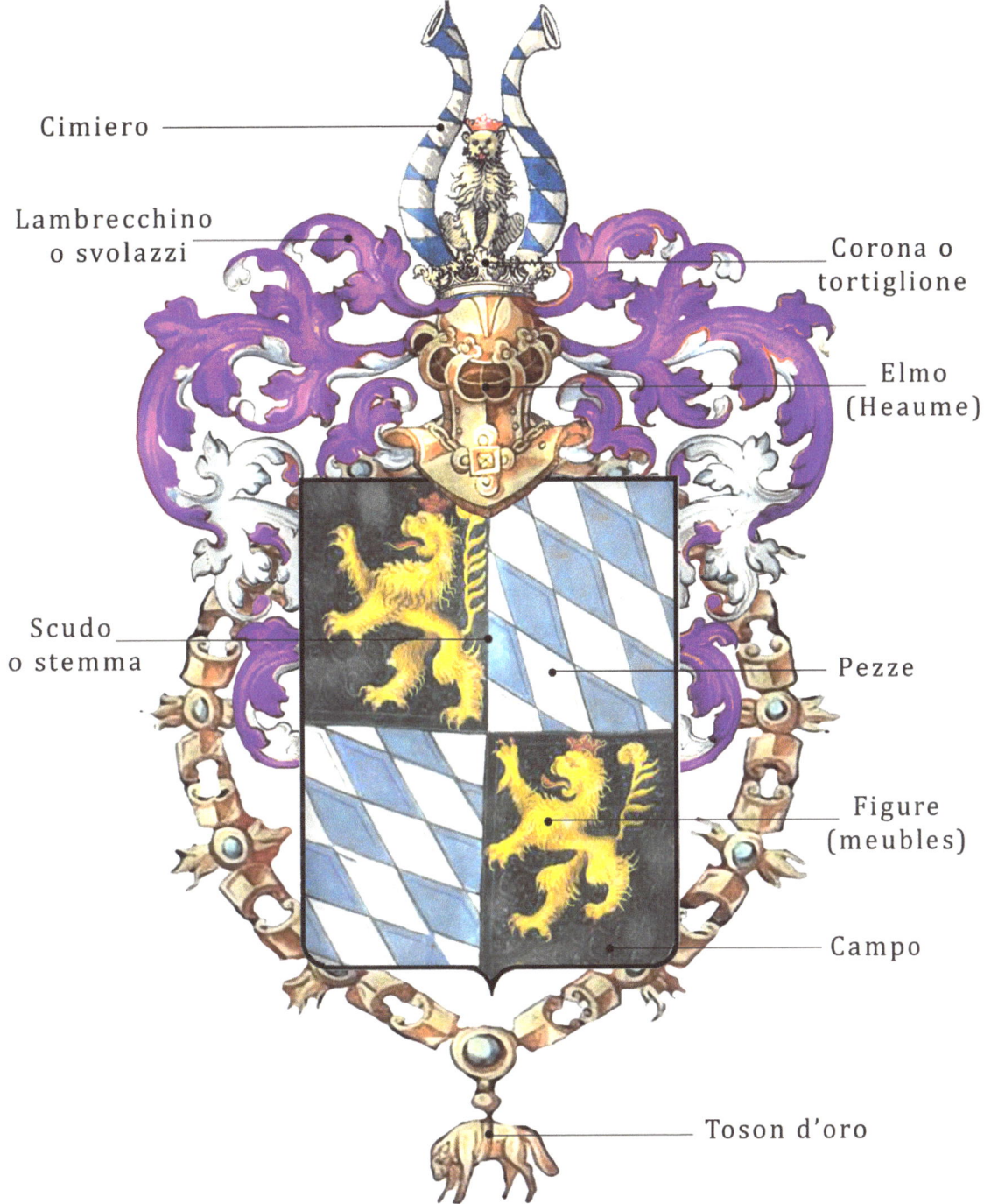

Note per l'araldica dei cavalieri del Toson d'oro

Per ogni cavaliere viene sempre indicato il numero di brevetto o registro, la Blasone o araldica considerando lo scudo o stemma, l'elmo, la cotta e la gualdrappa del cavallo e ove presente riportiamo anche il motto e il grido. Per lo scudo saranno utilizzati i colori araldici nei loro termini in italiano (rosso e non gueules ad esempio). Il termine linguato fa riferimento al colore della lingua dell'animale eventualmente presente nello stemma. Per l'elmo viene descritto nei particolari il cimiero, il lambrecchino indicando i due colori (principale e foderato nell'ordine), il tortiglione per colori ed eventualmente indicando se coronato o meno. Per la cotta d'arme e la gualdrappa è fornito anche il colore della fodera interna.

I CAVALIERI DELL'ORDINE

I Grandi maestri Borgognoni dell'Ordine del Toson d'Oro

Il fondatore e 1° Gran Maestro: Filippo il Buono, Duca di Borgogna. A capo dell'ordine dal 10 gennaio 1430 al 15 giugno 1467. Nominò i primi 64 cavalieri dell'ordine fino al capitolo di Saint Omer del 1461. Gli succede come 2° Gran Maestro il figlio Carlo il Temerario, Duca di Borgogna dal 15 giugno 1467 al 5 Gennaio 1477. Questi nominò i cavalieri dal brevetto n. 65 al n. 79 nei due capitoli di Bruges e Valenciennes. Egli fu anche l'ultimo sovrano borgognone dell'ordine. A questi successe a sua volta Massimiliano I d'Asburgo del Sacro Romano Impero che sposando la figlia di Carlo il Temerario, Maria ne acquistò i diritti dando inizio alla serie di maestri asburgici dell'ordine a partire dal brevetto numero 80.

Capitoli e Cavalieri (brevetti) tenuti e creati sotto la casa di Borgogna, 1430-1477

La fondazione dell'ordine avvenne come detto a Bruges il 10 gennaio 1430, in occasione dei festeggiamenti dovuti al terzo matrimonio del Duca di Borgogna Filippo III il Buono con Isabella di Portogallo. Il Duca allora istituì il nuovo ordine della cavalleria detto del Toson d'oro. Con il patrocinio del mitico Giasone, un esempio di coraggio e valore, Filippo il Buono crea quindi una prima fratellanza militare cristiana nominando i suoi primi 24 cavalieri più il Gran Maestro che era lo stesso Duca. Tutti rappresentanti prestigiosi del più alto e nobile lignaggio borgognone. La grande particolarità e novità di questo Ordine che lo rese davvero esclusivo, il più importante in Europa e certamente uno dei più prestigiosi al mondo, furono gli straordinari

◀ **Assemblea o capitolo del Toson d'oro presieduta da Carlo il Temerario** tavola miniata del tardo quattrocento.
Assembly of the Order of the Golden Fleece presided over by Charles the Bold in a contemporary flaming miniature.

▼ **La tomba del Duca di Borgogna Carlo il temerario** nella chiesa di Notre dame di Bruges.
The splendid Charles the Bold's tomb in early renaissance style in the Notre Dame church at Bruges. Excavations in 1979 positively identified the remains of his daughter Mary, in a lead coffin, but those of Charles were never found.

privilegi di cui i suoi insigniti potevano vantare. La celebrazione e promozione dei primi cavalieri venne fatta con solenni cerimonie a Bruges, all'interno della chiesa più importante della città, la cattedrale di San Salvatore (Sint Salvators kathedraal) che ancora oggi conserva gli stalli finemente incisi e decorati dai grandi artisti fiamminghi dell'epoca con le divise araldiche dei cavalieri nominati alla creazione dell'ordine e nei successivi capitoli tenutesi a Bruges nel 1432, nel 1468 (per la nomina del nuovo Gran Maestro) ed infine un terzo e ultimo nel 1478. Mentre il primo vero capitolo dell'ordine fu inaugurato a Lille nel 1431 nella collegiale di San Pietro.

FILIPPO IL BUONO, DUCA DI BORGOGNA, FONDATORE DELL'ORDINE E PRIMO GRAN MAESTRO DEL TOSON D'ORO (1396-1467).

Filippo (30 giugno 1396-15 giugno 1467) era l'unico figlio maschio di Giovanni Senza Paura, Duca di Borgogna, conte di Borgogna (Franca Contea), Artois e Fiandre, e di Margherita, figlia del Duca di Baviera-Straubing Alberto I, conte di Hainaut e di Olanda. Era membro, per ramo cadetto (conosciuto come terza dinastia di Borgogna), della dinastia dei Valois, allora regnante in Francia. Fra i suoi titoli ricordiamo: Duca di Borgogna, Lotaringia e Brabante, di Limburgo, Conte di Fiandra, d'Artois, della Borgogna palatina. Di Namur, marchese del Sacro Romano Impero, signore di Salins e Malines. Si sposò ben tre volte. Una prima nel 1409 con Michèle di Francia, figlia di Carlo VIII e Isabella di Baviera. Dalla prima moglie ebbe una sola figlia: Agnese di Borgogna.

Nel 1424 si risposa con Bona d'Artois, figlia di Filippo d'Artois conte di Eu e di Maria di Berry, non ebbero figli. Ed infine il terzo matrimonio nel 1430 pochi giorni prima della fondazione dell'Ordine del Toson d'oro, con Isabella del Portogallo, figlia di Giovanni I del Portogallo e di Filippa di Lancaster.

Dal matrimonio con Isabella nacquero tre figli: Antonio (1430-1432), conte di Charolais. Giuseppe (1432-1432), conte di Charolais e finalmente Carlo (1433–1477), conte di Charolais e successore di Filippo III come Duca di Borgogna, meglio noto col nome di Carlo il Temerario (cavaliere e Gran Maestro dell'Ordine col brevetto n. 35). Filippo ebbe inoltre numerosi figli illegittimi da donne diverse, fra essi alcuni furono cavalieri dell'Ordine del Toson d'oro, altre fra le femmine andarono in sposa a cavalieri dell'ordine. Fra i tanti ricordiamo: Antonio, detto il Gran Bastardo di Borgogna, signore di Tournehem, Cornelio, signore d'Elverdinge, di Vlamertinge, di Neuve-Église et de Pierrefort, capitano e governatore generale di Luxembourg, Maria di Valengin (1426-15 agosto 1475) sposò Pierre de Bauffremont conte de Charny, ciambellano di Filippo il Buono, Margherita, morta verso il 1455, Davide (1427-1496), vescovo di Thérouanne (dopo il 1451), poi di Utrecht (dopo il 1456), Anna (1435-1508), governante di Maria di Borgogna, Raffaele di Mercatel (1437-1508), abate di Saint-Bavon di Gand et de Saint-Pierre d'Oudenburg, Baldovino ca.1446-1508), signore di Fallais, Peer, Baudour, Sainte-Anne, Lovendegem, Zomergem et Fromont e Filippo (1454-1524), vescovo di Utrecht (dopo il 1517).

Araldica

Motto: *"Aultre n'auray"* (Non ne avrò un'altra).
"J'ai hate" (io odio).
Grido di guerra: *"Nostre Dame Bourgogne"*, e *"Montjoye Saint Andrieu"* dedicato al santo protettore dell'Ordine.

Blasone inquartato con le armi di Borgogna: al 1° e 4° azzurro con fiordalisi oro con bordura d'argento e rosso (Borgogna moderna). Al 2° a sinistra banda d'oro e azzurra di sei pezze con bordura rossa (Borgogna antica), mentre a destra nero con leone oro armato e linguato di rosso (Brabante). Al 3° a sinistra banda d'oro e azzurra di sei pezze con bordura rossa (Borgogna antica), a destra argento con leone rosso armato e coronato d'oro, linguato rosso con coda a due punte (Limburgo). Su tutto, a cuore, lo scudo di Fiandra in oro con leone nero armato e linguato rosso. Elmo con lambrecchino azzurro seminato con fiori di giglio d'oro foderato in oro. Cimiero sormontato da un tortiglione argento e rosso al di sopra del quale era posto un doppio giglio in oro, ornato da cinque rubini. Cotta e gualdrappa del cavallo foderate di rosso. L'armatura e l'elmo erano dorati. Cavallo bruno baio.

▲ **Statua in bronzo di Filippo il Buono** inserita nel cenotafio dell'imperatore Massimiliano I a Innsbruck.

Bronze statue of Philip the "Good", which stands inside cenotaph of the Emperor Maximilian I at Innsbruck.

◄ **Filippo il Buono qui ritratto insieme al figlio** il futuro Carlo il Temerario nella famosa opera di Rogier Van der Weiden.

The Duke of Burgundy, Philip the Good, and his son Charles (later to be known as Charles the Bold), being paid homage by the author of the Chronicles of Hainault. Rogier Van der Weyden's only surviving miniature.

◄ **Maria di Borgogna** figlia di Carlo il temerario e moglie di Massimiliano d'Asburgo. Questi perciò erediterà insieme a parte del Ducato anche il magistero dell'ordine del Toson d'Oro.

Mary Magdalene, also wrongly called Portrait of Mary of Burgundy (The inscription has been added a long time later. It is apocryphal).

CAVALIERE N. 2 GUILLAME DE VIENNE DETTO IL SAGGIO 1360-1434.

Guillame de Vienne detto il Saggio (1360 – 1434) terzo cavaliere a portare questo nome, è stato signore di San George, Della Santa Croce di Seurre e di Montpont di Sellières, di Rombois, di Louhans, di Boisjean, di Montrond, di Mervans, di Longepierre, di Navilly e di Joux.
Consigliere e ciambellano del Duca Filippo III di Borgogna detto il buono, balivo generale di Borgogna, e appartenente all'ordine dei Cavalieri del toson d'oro di cui deteneva il numero di registro 2 immediatamente dopo il fondatore Filippo III.
Nasce a Vienne, figlio di Ugo VI di Vienne, (della stessa famiglia di Jean de Vienne, ammiraglio di Francia) e di Jeanne de Chasteauvillain (sua seconda moglie). Guillame de Vienne si sposerà due volte. Una prima volta con Luisa di Ginevra che non gli darà figli. Successivamente il 9 luglio del 1400, con Maria figlia di Béraut gran delfino d'Auvergne dalla quale avrà due figli: Guillame IV e Jean.
Inizia presto la carriera militare prima con la campagna nelle Fiandre nel 1382 e poi partecipando al "viaggio di Barberia" nel 1390 (una sorta di crociata guidata dal Duca di Borbone contro il Regno di Tunisia) ed ancora nella crociata d'Ungheria (conquista ottomana dei Balcani) nel 1396 (sconfitta di Nicopoli). Ha poi ricoperto incarichi diplomatici: servendo prima il Duca di Borgogna, Filippo l'Ardito, che lo nominò suo ciambellano nel 1398 e successivamente ambasciatore presso il Duca di Milano nel 1408. Ebbe l'incarico di luogotenente-generale durante l'assedio di Calais, con il compito di mantenere i confini della Piccardia. Alla morte del Duca Filippo, continua la sua opera presso i Borgogna sotto Giovanni Senza Paura di cui è pure consigliere e ciambellano nel 1405, capitano generale in Piccardia e nelle Fiandre nel 1406. Partecipò alla battaglia di Othée (1408) e dirige l'assedio di Vellexon nel 1409.
Nel 1408 nonostante la sua grande devozione per la casa di Borgogna, venne nominato Gran Ciambellano del Delfino di Francia. Ancora viene nominato consigliere e ciambellano del re di Francia nel 1412. Nel 1413, insieme con Regnier Pot, altro famoso cavaliere dell'ordine viene nominato governatore del Delfinato al posto del Duca di Berry. Si trovava in compagnia del Duca di Borgogna Giovanni I Senza Paura, quando quel principe fu assassinato a Montereau, nel 1419, mentre lui veniva arrestato. Rimesso in libertà, tornò immediatamente al servizio del successore di Giovanni, il Duca Filippo III il Buono di Borgogna, il quale in ossequio alla sua fedeltà lo nomina consigliere e ciambellano, capitano generale di Borgogna nel 1422, e primo consigliere del Duca nel 1425. Ricevette quindi l'onore di essere il primo cavaliere del Toson d'Oro. Fatto questo che gli portò grande ricchezza e

◄ **Altra immagine della cattedrale di San Salvatore a Bruges** all'interno della quale sono ancora conservati stalli e coro delle riunioni del Toson d'Oro.

A further image of the Saint Salvator Cathedral at Bruges. Inside it is still possible to see the stalls and the choir, where the members of the Golden Fleece met together.

► **L'impressionante Tomba di Régnier Pot detto Palamède** sorretta da una processione di incappucciati neri tutti con un blasone relativo ai cavalieri dell'ordine. Museo del Louvre Parigi.

The magnificent tomb of Régnier Pot known as Palamède. The coffin is supported by a procession of men, all clad in a black hood, bearing the knightly blazons of the Order. Musée du Louvre, Paris.

onore per il resto della sua vita. Ebbe il tempo di partecipare ancora al 'capitolo' di Auxerre nel 1432 prima di morire nel 1434. Fu sepolto nella chiesa agostiniana di Saint-Georges (Côte-d'Or).

Araldica

Motto: *"Tout bien a Vienne"* (tutto bene a Vienne). Grido: *"Saint George au puisaant duc"*
Blasone rosso con aquila oro (di Vienne). Elmo con lambrecchino d'armellino foderato di rosso con un moro per cimiero con colletto e orecchini oro. Il moro è abbigliato d'armellino e indossa un copricapo a punta, del tipo di quelli in uso presso certe università. Sempre in armellino con fodera rossa. Sulla sommità un fiocchetto nero poggiante su una pallina d'oro. Cotta e gualdrappa del cavallo foderate in azzurro. Cavallo nero.

CAVALIERE N. 3 RÉGNIER POT DETTO PALAMÈDE 1362-1432.

Régnier Pot (1362 – luglio 1432) detto il Palamede, Signore de la Prugne e della Roche de Nolay. Governatore del Delfinato e della Linguadoca con Guillame de Vienne. Consigliere e ciambellano ed anche coppiere (*échansson*) del Duca Filippo III di Borgogna detto il buono e appartenente all'ordine dei Cavalieri del toson d'oro di cui deteneva il numero di registro 3 immediatamente dopo il fondatore Filippo III e Guillaume de Vienne. Sucessivamente fu anche capitano di Parthenay (1417), e ambasciatore in Ungheria. Figlio di Guillaume Pot e di Bianca de la Tremoille, altra famosa casata che fornirà cavalieri all'ordine. Si sposa il 29 Novembre 1392 a Vincennes con Caterina d'Anguissola, già dama di Valentina Visconti, moglie del Duca d'Orléans dalla quale avrà un figlio Jacques futuro cavaliere del Toson d'oro col brevetto numero 62.

Araldica

Motto: *"à la Belle"* (alla bella)

Blasone inquartato: al 1° e 4° campo oro con fascia azzurra centrale (dei Pot). Al 2° e 3° a scacchi argento e nero con due sciabole trasversali rosse con borchie e rivetti oro, cinghie rosse (Palamède). Elmo con lambrecchino azzurro foderato oro, sormontato da tortiglione argento e rosso che fa da base ad un cimiero raffigurante una testa d'aquila azzurra con becco oro e lingua rossa. Cotta e gualdrappa del cavallo foderate in rosso. Cavallo grigio scuro.

CAVALIERE N. 4 JEHAN V DE ROUBAIX 1369-1449.

Jehan V de Roubaix (1369- 7 giugno1449) III°di nome, signore di Herzelles e D'Escandeuvres. Fu anche signore di Roubaix, una città nel nord della Francia, in quella che allora erano le Fiandre. Figlio di Jehan de Roubaix II° di nome e di Maria di Molembaix. Jehan V de Roubaix sposa sua cugina Agnes de Lannoy, sorella dei cavalieri Lannoy, dalla quale ebbe cinque figli: Isabella, Giovanna, Iolanda e Luisa e Pierre. Le prime due andarono in sposa ad altrettanti cavalieri del Toson d'oro: Isabella con Giacomo di Luxembourg (brevetto n. 69), e Giovanna con Antoine de Croy (brevetto n. 16). Pierre de Roubaix (1415-1498) divenne suo successore come signore di Roubaix. Le prime notizie su Jehan V de Roubaix lo ricordano, giovanissimo nella battaglia di Roosebecke del 1382. In seguito ha combattuto i saraceni a Cartagine, partecipò attivamente nella guerra dei cent'anni e visitò i luoghi santi in Palestina.

Uomo di successo, divenne presto uno dei più potenti signori del tempo, sia finanziariamente che attraverso l'influenza di cui godeva presso i duchi di Borgogna. E' stato il primo ciambellano del Ducato di Borgogna con Giovanni di Borgogna e mantenne tale incarico anche con suo figlio, Filippo III di Borgogna detto il Buono. Fu persino inviato in Portogallo nel 1428 per negoziare il matrimonio dello stesso Duca con Isabella del Portogallo. Nell'occasione si fece accompagnare da un celebre artista del tempo, Jan Van Eyck, che aveva

► **Il cavaliere Jehan V de Roubaix.**
Incisione tratta dal *Grand Armorial équestre* della Bibliothèque nationale de France

The knight Jehan V de Roubaix.
The engraving comes from the Grand Armorial équestre conserved in the Bibliothèque nationale de France.

◄ **L'entrata dei quattro giudici nella città scelta come sede dei tornei.** Da *Le Livre des tournois* by René d'Anjou del 1460. Preziosa fonte dei costumi e usi dei tornei tenuti anche dai cavalieri del Toson d'Oro.

The entry of the four judges of tournament in the town. From Le Livre des tournois by René d'Anjou

l'incarico di fare un ritratto della futura sposa.

Araldica

Grido: "*Bourrgnielles*" o "*Doresnavant*". Blasone d'armellino sormontato da una fascia rossa (dei Roubaix). Elmo con lambrecchino d'armellino foderato di rosso, sormontato da corona oro e rossa che fa da base ad un cimiero formato da due gambali in armatura neri ornati d'oro. Cotta e gualdrappa del cavallo foderate in azzurro. Cavallo bianco.

CAVALIERE N. 5 ROLAND D'UYTKERCKE ….-1442.

Roland von Uytkercke (…- 22 aprile 1442) fu Signore di Heemstede , Hogenbrouck , Heestert e Hemsrode. Figlio di Gerard Uytkercke e Margherita di Maldegem, signora di Heestert.
A differenza del padre non amò particolarmente la carriera militare (combatté nella battaglia di Othée il 23 settembre 1408), ma fu più un diplomatico e confidente del Duca di Borgogna Giovanni Senza Paura e poi del figlio Filippo il Buono.
Inizialmente ebbe il compito principale di raccogliere i fondi necessari per le guerre dei duchi di Borgogna. Nel 1411 fece parte dell'ambasciata presso il re d'Inghilterra per combinare un'alleanza. Dopo l'assassinio di Giovanni di Borgogna nel 1419 continuò a servire fedelmente il nuovo Duca. Presente ai negoziati sul Trattato di Troyes del 1420, e addirittura reggente per il Duca per breve tempo assente nel 1423.
Negli anni 1428-1430 fu Presidente del Consiglio d'Olanda, oltre che luogotenente d'Olanda, Frisia occidentale, e Reeve nel Kennemerland. Nel 1430 il Duca Filippo gli diede le signorie di Sijsele e
Heist-op-den-Berg, e nello stesso anno lo fece cavaliere dell'Ordine del Toson d'Oro. Negli anni successivi 1430, la sua carriera andò incontro seri problemi. Prima procedette a sfortunate trattative a Bruges nel 1436, ma soprattutto fu colpito nel 1441 dallo scandalo procuratogli da suo figlio Giovanni (Jan) di accusato di sodomia. Questo era un reato talmente grave per l'epoca che Roland Uytkercke fu costretto a pagare i debiti

che dallo scandalo derivavano tanto da mandarlo in rovina. Pochi anni dopo Roland Uytkercke e fu sepolto nella chiesa di Maldegem.

Roland von Uytkercke si sposò con Margherita de la Clitte (van der Clite) sorella di Jean de Commines, cavaliere dell'ordine (brevetto n. 9).

Araldica

Divisa: *"deux cornets autour de ses armoiries"*
Blasone d'argento con croce nera 'caricata' da cinque conchiglie. Elmo con lambrecchino d'argento foderato di nero, sormontato da un cimiero a forma di collo e testa di levriero d'argento con collarino azzurro con bordi, fibbia e anello d'oro. Cotta e gualdrappa del cavallo foderate in rosso.
Cavallo grigio pomellato.

▲ **Torneo di Bruges disfida fra i cavalieri Jean de Bruges, signore de La Gruthuyse, e Wolfart de Ghistelle.** Da *Le Livre des tournois* by René d'Anjou del 1460. Preziosa fonte dei costumi e usi dei tornei tenuti anche dai cavalieri del Toson d'Oro, *Le Livre des tournois* (libro dei tornei) descrive le regole di un torneo. La più famosa e più antica, coppia di questo manoscritto è conservata nella Bibliothèque Nationale di Parigi. Realizzato probabilmente da Barthélemy d'Eyck con ben 26 miniature a piena pagina.

Joute de Bruges - affrontement de Jean de Bruges, seigneur de La Gruthuyse, et de Wolfart de Ghistelle. From Le Livre des tournois by René d'Anjou. Le Livre des tournois ("tournament book"; Traicte de la Forme de Devis d'un Tournoi) ca. 1460 describes rules of a tournament. The most famous, and earliest, of the many manuscript copies is kept in the Bibliothèque Nationale, Paris. This is, unusually for a de luxe manuscript, on paper, and painted in watercolour. It may represent drawings by Barthélemy d'Eyck, intended as preparatory only, which were later illuminated by him or another artist. There are twenty-six full and double page miniatures.

TAVOLA A

Guillaume de Vienne

TAVOLA B

TAVOLA C

TAVOLA D

TAVOLA E

TAVOLA F

Jehan de Luxembourg

Pierre de Luxembourg

TAVOLA G

TAVOLA H

Guilbert de Lannoy

TAVOLA I

TAVOLA K

TAVOLA L

Baudouin de Lannoy

TAVOLA M

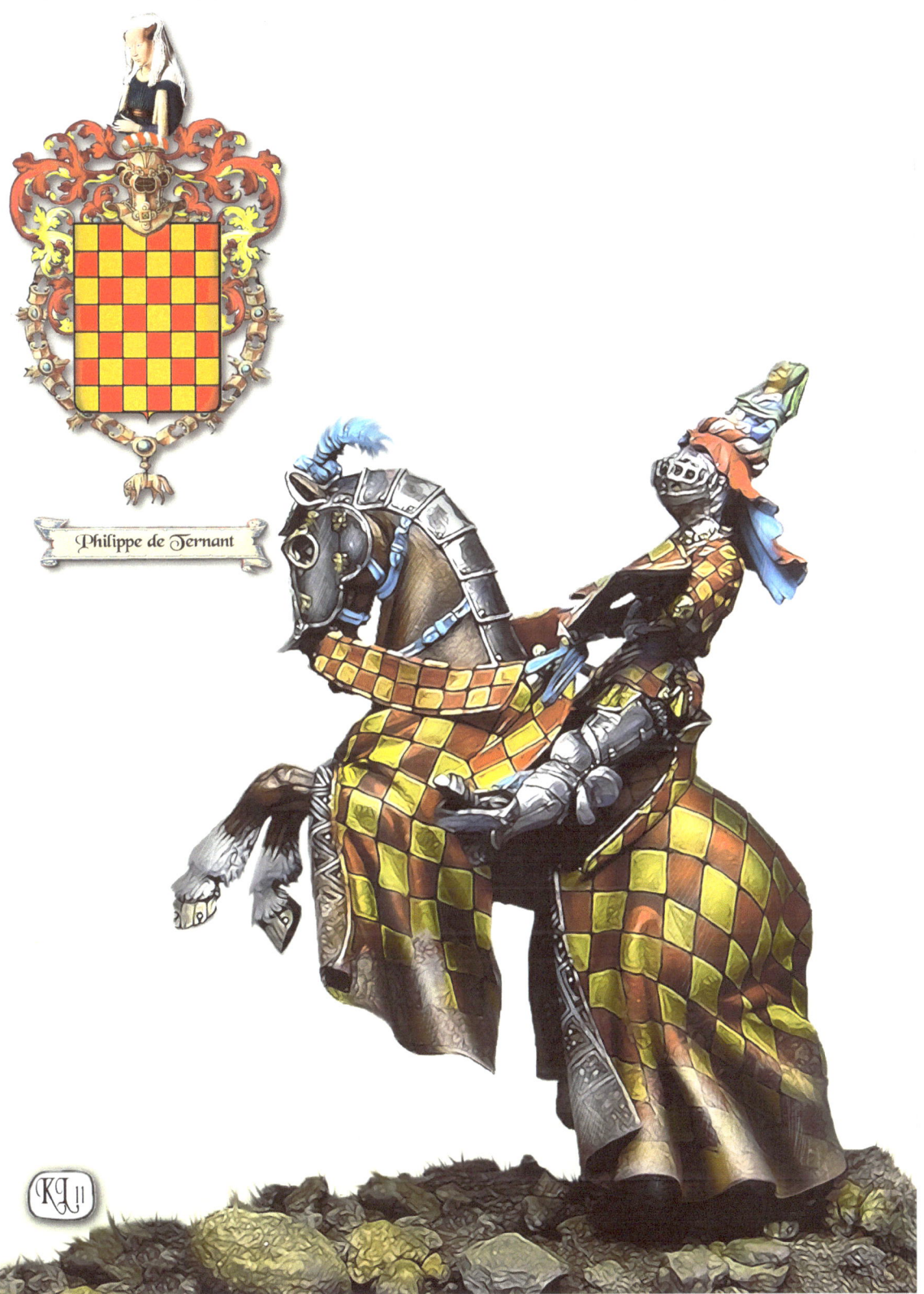

Philippe de Ternant

TAVOLA N

TAVOLA O

TAVOLA P

TAVOLA Q

CAVALIERE N. 6 ANTOINE DE VERGY 1375-1439.

Antoine de Vergy (1375- 29 ottobre 1439), conte di Dammartin, signore di Champlitte e di Rigny, Frolois, Richecourt e Port sur Saone. Consigliere e ciambellano di Carlo VI, abbracciò poi il partito borgognone, diventando ciambellano del Duca di Borgogna Giovanni senza paura. Figlio di Jean III de Vergy, detto il Grande siniscalco, governatore e maresciallo di Borgogna, e della sua prima moglie, Jeanne de Chalon.
Fu presente al tragico incontro di Montereau, dove venne ferito ed arrestato. Una volta libero fu nominato maresciallo di Francia il 22 gennaio 1422 dal re d'Inghilterra Enrico V durante la reggenza di questi sul trono di Francia. Prestò giuramento il 3 febbraio con Jean de La Baume, nonostante l'opposizione dei marescialli Jacques de Montberon e Claude de Chastellux, ma il titolo non fu riconosciuto da Carlo VII. Fu successivamente nominato dal Duca di Borgogna capitano generale di Borgogna e Charolais, e nel 1423 combatté contro le truppe francesi, alla battaglia di Cravant. Nel 1427 Enrico VI lo fece governatore di Champagne e Brie, e della città di Langres. Da questa città negli anni seguenti condusse numerose spedizioni alla testa di un contingente anglo-borgognone nella regione della Lorena; obiettivo particolare fu Vaucouleurs, cittadina rimasta fedele a Carlo VII per quanto stretta fra il Ducato di Lorena e il Ducato di Borgogna; nonostante l'impegno profuso la piazzaforte francese, teatro delle prime gesta di Giovanna d'Arco, non cedette. Nel 1430 il Duca di Borgogna Filippo il Buono lo creò cavaliere dell'Ordine del Toson d'oro.
Sotto il conte di Vaudémont, alleato di Filippo il Buono, combatté il 2 luglio 1431 alla battaglia di Bulgnéville, dove venne fatto prigioniero René d'Anjou. Morì di malattia nel 1439, e fu inumato a Champlitte nella collegiata di Saint-Christophe, che lui stesso aveva fatto erigere nel 1437.
Sposatosi due volte. La prima con Jeanne de Rigny nel 1388. La seconda volta con Guillemette de Vienne, che una volta rimasta vedova si risposerà con Thibaut di Neufchâtel, cavaliere dell'ordine (brevetto n. 31). Antoine de Vergy non ebbe figli, fu però zio di Jean IV di Vergy, cavaliere dell'ordine (brevetto n. 37).

Araldica

Motto: *"Sans varier"* (nessun cambiamento). Grido di guerra: *"Vergy à Notre Dame"*
Blasone in rosso con tre cinquefoglie bucate d'oro poste due su una, il tutto bordato di un gallone argento (Vergy de Dammartin). Elmo con lambrecchino oro foderato di rosso, sormontato da un cimiero a forma testa d'aquila d'oro con due ali in armellino. Cotta e gualdrappa del cavallo foderate in azzurro. Non si conosce il manto del cavallo.

▶ **Antoine de Vergy** in costume da cerimonia. Stampa Ottocentesca.

Antoine de Vergy in ceremonial dress. Engraving dated to the nineteenth century.

◄ **Dama con indosso il tipico copricapo di garza fiammingo.** Opera di Rogier van der Weyden c. 1435 Gemaeldegalerie Berlin.

Lady Wearing a Gauze Headdress c. 1435 . A famous portrait of Rogier van der Weyden. Gemaeldegalerie Berlin,

► **Il castello dei Lannoy** ad Anvaing vicino a Lille. Il castello è costruito in mattoni e pietra calcare su fondamenta ugnate.

The castle of Lannoy at Anvaing near Lille. The castle is built of brick and limestone on a bevelled base.

CAVALIERE N. 7 DAVID DE BRIMEU 1384-1448.

David de Brimeu (1384-1448) Signore di Ligny sur Canche in Piccardia. Consigliere e ciambellano del re e del Duca di Guyenne. Luogotenente governatore della città di Aras, Maestro del Louvre, balivo di Hesdin, padrone di casa del Duca. Guardia della conciergerie del Palazzo Reale a Parigi nel 1415. Governatore d'Arras nel 1430. Figlio di Florimond I° di Brimeu, signore di Mazicourt e di Maria di Créquy. Si sposò ben quattro volte. In successione le mogli furono: 1 - Marguerite de Montaigu, 2 - Marie de Montauban, 3 - Maria Montmort, 4 - Jeanne de Châtillon-Dampierre. Era il fratello di Jacques e zio di Florimond, Cavalieri del Toson d'Oro (brevetti n. 17 e 19). Nel 1406, David è stato nominato per la prima volta cavaliere di Brimeu. Nel 1417, David Brimeu accompagnò Giovanni senza paura, Duca di Borgogna quando questi andò in visita a Tours per incontrare Isabella di Baviera che si trovava in esilio, e concludere con lei un'alleanza con che portò al Trattato di Troyes. Nel 1421, si distinse nella battaglia di Mons-en-Vimeu contro l'Armagnac, controllato da Hire e Xaintrailles. A seguito di in processo intentato contro il nipote Florimond de Brimeu (cavaliere n.17), il 13 agosto 1435 venne condannato dalla corte di Arras alla proibizione di portare in futuro le 'armi' di Brimeu.

Araldica
Motto: *"Quand sera-ce"* (Quando sarà). Blasone inquartato: al 1° e 4° d'argento con tre aquile, due su una, rosse con becchi e unghie azzurre (Brimeau). Al 2° e 3° in argento con banda trasversale rossa (Mingovall). Elmo con lambrecchino argento foderato di rosso, sormontato da corona oro con un cimiero a forma di collo e testa di cigno alato argento con becco rosso. Cotta e gualdrappa del cavallo foderate in azzurro. Cavallo grigio roano.

CAVALIERE N. 8 HUGUES DE LANNOY 1384-1456.

Hugues de Lannoy (1384 - 1 maggio 1456), Signore di Santes, gran maestro degli Alabardieri. Capitano di Moaux, Poitiers, Montargis. Consigliere e ciambellano al servizio dei duchi di Borgogna. Figlio di Guillebert de Lannoy, signore di Santes e di Caterina di Saint-Aubin signora di Molembaix. Due suoi fratelli furono pure fra i primi cavalieri del Toson d'oro: Guilbert de Lannoy (brevetto n. 13) e Badouin de Lannoy (registro n. 20). Giovanissimo cavaliere, si recò a Gerusalemme. Partecipò a una spedizione contro i

Tartari di Moscovia. Tornato in Europa occidentale, si mise al servizio di Giovanni di Borgogna, prese parte alla battaglia di Agincourt (1415), dove fu catturato. Liberato su riscatto, dopo l'assassinio di Giovanni di Borgogna (1419) condusse diverse missioni diplomatiche, tra cui il matrimonio di Giacomina Wittelsbach di di Baviera con Humphrey di Gloucester .Lannoy è stato successivamente il primo governatore di Olanda e Zelanda. In età avanzata combatté contro la ribelle Gand nel 1452-1453. Sposa Margherita di Boncourt. Morì senza figli e fu sepolto a Lille.

Araldica
Blasone d'argento con tre leoni verdi posti due su uno, coronati e con unghie d'oro. Linguati di rosso. Il tutto gallonato con una bordura a punta di color rosso. Elmo con lambrecchino argento foderato di verde, sormontato da corona oro con un cimiero a forma di liocorno argento con corno, criniera e barbetta d'oro. Cotta e gualdrappa del cavallo foderate in azzurro. Cavallo bianco.

I Lannoy
La casata dei Lannoy fu una famosa e nobile famiglia belga, che prende il nome dalla cittadina francese di Lannoy di cui erano signori. Questa antica famiglia di cavalleria di Hainaut, che data almeno dal XIII secolo, ha dato grandi soldati, statisti e molti Cavalieri del Toson d'Oro. Dopo la battaglia di Pavia nel 1525, il re di Francia, Francesco I, si rifiutò di cedere la sua spada al suo vincitore, il conte Charles de Lannoy, viceré di Napoli. Durante il periodo delle Crociate, un Lannoy fu tra i primi dignitari dell'Impero di Costantinopoli. Giovanni III de Lannoy, il cui padre fu ucciso nella battaglia di Agincourt (1415), è stato ambasciatore in Inghilterra. Nel 1551, una sua nipote sposò Guglielmo d'Orange, più noto col nome di Guglielmo il Taciturno, in questo modo i Lannoy divennero parte della famosa casa di Nassau, ancor oggi regnanti in Olanda. La famiglia fu proprietaria di Ducati, principati, rimanendo conti del Sacro Romano Impero con mantello d'ermellino anche detto manto Ducale. Ben 15 rappresentanti di questa famiglia divennero cavalieri

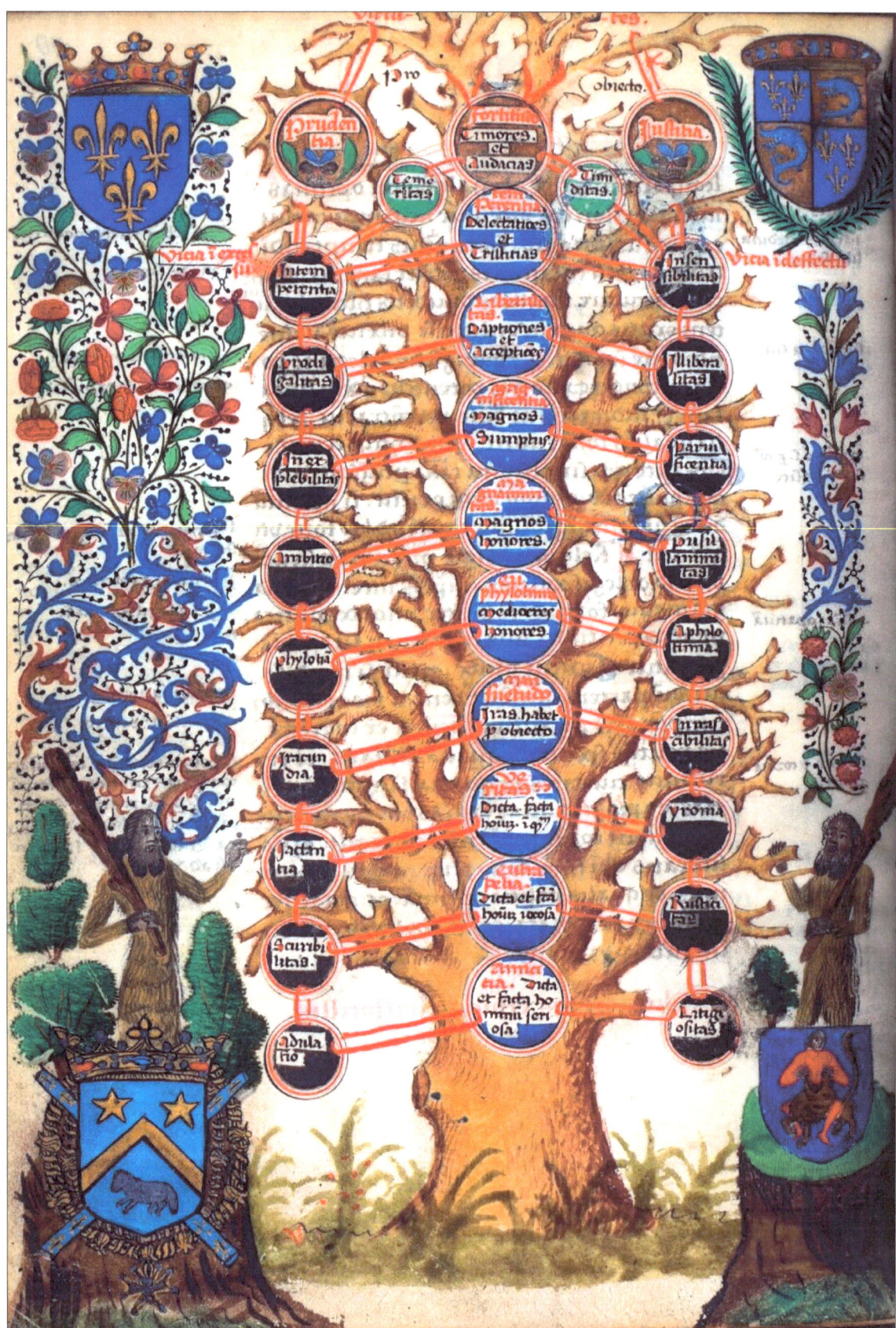

del Toson d'oro, e di questi ben tre nel primo capitolo fondatore di Bruges del 1431. Hugues de Lannoy (~1384-1456). Gilbert de Lannoy (~1386-1462). Baudouin VI de Lannoy (1388-1474). Jean III de Lannoy (1410-1492). Baudouin de Lannoy, seigneur de Molembaix (~1436-1501). Pierre de Lannoy, seigneur de Fresnoy (~1445-1510). Philippe de Lannoy, vicomte de Sebourg (1460-1535). Charles de Lannoy, seigneur de Senzeille (1482-1527). Philippe de Lannoy, seigneur de Molembaix (1487-1543). Jean de Lannoy, seigneur de Molembaix (~1509-1560). Philippe de Lannoy, 2e prince de Sulmona (1514-1553). Baudouin de Lannoy, seigneur de Molembaix et de Solre (1518-1559). Charles de Lannoy, 3ème prince de Sulmona (1537-1568). Horace de Lannoy, 4ème prince de Sulmona (†1597). Claude de Lannoy, comte de la Motterie (1578-1643).

CAVALIERE N. 9 JEHAN DE COMMINES ….- 1443

Jehan de la Clite, Signore di Commines, figlio di Collard, cavaliere signore de la Clite e di donna Jeanne de Waziers, Signora di Commines, era alleato con Lady Jeanne de Ghistelles.
Jehan de Commines ebbe due mogli. La prima fu Jeanne o Jaqueline de Ghistelles di, figlia di Giovanni VI e Jeanne de Châtillon, successivamente sposò Jeanne de Preure, figlia di Jean, signore di Fosseux. Ciambellano del Duca e suo alto balivo delle Fiandre, ha contribuito nel 1436 a sedare la ribellione popolare di Bruges e condusse le truppe di Ypres all'assedio di Calais. Era lo zio e tutore di Philippe de Commines, il famoso storico.

Araldica

Motto: *"Sans mal"* (senza male).
Blasone in rosso con gallone a V rovesciata oro. Tre conchiglie d'argento poste due su una. Il tutto bordato oro. Elmo con lambrecchino rosso foderato in oro, sormontato da un cimiero a forma testa di lupo nera poggiante su "fiamme" rosse. Cotta e gualdrappa del cavallo foderate in azzurro. Cavallo grigio.

◄ **L'albero delle virtù** con blasoni e stemmi araldici e due uomini selvaggi armati di bastone.

Table of Virtues in the form of a tree, with coats of arms, and two wild men wielding clubs.

► **Ritratto di Philppe de Commines** nipote di Jehan che però indossa la stessa nobile livrea dello zio.

Portrait of Philppe de Commines, grandson of Jehan, who wears the same noble dress.

CAVALIERE N. 10 ANTOINE DE TOULONJON 1385-1432.

Antoine de Toulonjon (1385 - 29 settembre, 1432) Signore di Traves, della bastie e di Montrichard. ambasciatore in Inghilterra e in Francia, ciambellano, maresciallo di Borgogna, governatore generale dei Paesi di Borgogna e di Charolais. Si tratta di uno dei più importanti cavalieri dell'Ordine del Toson d'Oro e uno dei più grandi capitani della guerra dei Cento Anni. La famiglia prende il nome da un castello vicino a Orgelet (Giura). Antoine era il figlio di Tristan Toulongeon (1350-1399), Barone di Sennecey, e di Jeanne de Chalon signora di Montrichard.

Fra i suoi fratelli ricordiamo il fratello maggiore Giovanni II° di Toulongeon (1381-1427), Barone e Signore di Sennecey, Cavaliere, Assessore, Ciambellano, Governatore di Troyes (1417-1418), maresciallo di Borgogna. Morì il 10 luglio 1427.

Altro fratello fu Andre Toulonjon, che fu anche un Cavaliere dell'Ordine del Toson d'Oro (brevetto 28). La sorella, Jeanne de Toulonjon (1382-1419) sposò Tristan de Montholon, comandante della cavalleria dei duchi di Brabante e Borgogna. Combattè nella battaglia di Agincourt dove trovò la morte. Jeanne si risposò quindi con Henri de Champdivers, fratello di Odientte Champdivers, famosa amante di re Carlo VI di Francia. Il Maresciallo Toulonjon vinse l'importante battaglia di Bulgnéville, dove sconfisse l'armata di René d'Anjou il 2 luglio 1431. Nell'occasione Antoine ricevette una brutta ferita al viso. Toulonjon sopravvisse poco al trionfo di quel trionfo, poco più di un'anno. Morì pieno di onori e di. È sepolto nella chiesa di Toulonjon nella sua Borgogna.

Araldica

Motto: *"Léalte de Toulonjon"*. Grido: *"A tout-A tout-A tout"*

Blasone inquartato al primo e 4° campo rossa con tre fasce ondulate oro (Di Sannecey). Al 2° e 3° di rosso con 3 coppie di linee parallele argento (Toulonjon). Elmo con lambrecchino argento foderato di rosso, sormontato da un cimiero a forma di testa di mastino in argento linguato rosso, con collare rosso bordato oro. Il tutto poggiante su una ghirlanda di fiori al naturale. Cotta e gualdrappa del cavallo foderate in azzurro. Cavallo bianco.

◀ **Il cavaliere Pierre I° di Luxembourg.**
Incisione tratta dal *Grand Armorial équestre* della Bibliothèque nationale de France.

The knight Pierre I of Luxembourg. The engraving comes from the Grand Armorial équestre conserved in the Bibliothèque nationale de France.

▶ **Giostra fra il Duca di Bretagna e il Duca di Borbone** da costumi dei secoli XIII e XV di Bonnard.
Tournament between the Duke of Bretagne and the Duke de Bourbon. The engraving of Bonnard show the two adversaries dressed following the fashion of the thirteenth - fifteenth centuries.

CAVALIERE N. 11 PIERRE DE LUXEMBOURG 1390-1433.

Pierre I° di Luxembourg, (1390-31 agosto 1433) conte de Brienne, Conversano e Saint-Pol 1430-1433. Signore d'Enghien, Richebourg, Arckingehm e castellano di Lille. Era figlio del conte Jean de Saint-Pol, signore de Beauvoir e di Margherita d'Enghien Contessa di Brienne e Conversano. Nipote di Guy del Luxembourg, conte di Ligny e Mahaut de Chatillon, contessa di Saint-Pol. I conti di Ligny sono il ramo cadetto della casa di Luxembourg, lontani cugini dei Duchi di Luxembourg, già re di Boemia e Ungheria, imperatori del Sacro Romano Impero.

Alleato con gli inglesi, il figlio del Duca di Bedford gli diede il comando di un corpo d'armata con la quale Pierre I° di Luxembourg ha assediato Saint-Valery-en-Caux. Morì di peste a Rambures in Piccardia. Si sposò nel 1405 con Marguerite des Baux d'Andria (1394 -1469), figlia di Francesco di Baux, Duca di Andria, e Sveva Orsini dalla quale ebbe ben otto figli: Jacqueline(1415 † 1472), Luigi di Luxembourg (1418 -1475), conte di San Pol, di Brienne, de Ligny, di Guisa e Conversano. Thibault de Luxembourg († 1477), signore di Fiennes e conte di Brienne. Jacques de Luxembourg-Ligny (1426 † 1487), Signore di Richmond e cavaliere del Tosn d'oro (brevetto n. 69). Valéran e Jean morti giovani. Catherine († 1492), sposata nel 1445 ad Arthur III di Bretagna (1393 † 1458), Duca di Bretagna. Filippa, badessa di San Maixent e Isabelle († 1472), sposata nel 1443 a Carlo IV d'Angiò (1414 † 1472), Conte del Maine. Di tutti la più nota fu la primogenita Jacqueline la quale si sposò due volte: nel 1433 con Giovanni di Lancaster († 1435), Duca di Bedford, e nel 1435 Richard Woodville, conte di Rivers. Dal secondo marito ebbe Elisabetta Woodville, futura moglie di re Edoardo IV d'Inghilterra.

Araldica

Motto: *"Vostre Vueil"*. (i vostri desideri). Blasone in argento con leone rosso a coda incrociata, con corona e unghie d'oro. Lingua azzurra (Luxembourg). Elmo con lambrecchino argento foderato di rosso, sormontato da un cimiero a forma di mezzo drago alato in argento con lingua e occhi rossi. Cotta e gualdrappa del cavallo foderate in azzurro. Cavallo bruno-baio.

◄ **Blasone di Jehan de la Tremoille** da *Le blason de tous le chevaliers du Toison d'Or* del 1667. Collezione N. Bernier.

Blazon of Jehan de la Tremoille. From Le blason de tous le chevaliers du Toison d'Or dated to 1667. Collection of N. Bernier.

► **Spaccato di cimieri in uso dai cavalieri del Toson d'oro per i tornei.** Da Da *Le Livre des tournois* by René d'Anjou del 1460.

Cross-section of the heraldic crests used by the Knights of the Golden Fleece in the tournaments. From the Le Livre des tournois by René d'Anjou dated to 1460.

CAVALIERE N. 12 JEHAN DE LA TRÉMOILLE 1377-1449.

Jehan de la Tremoille (1377- 7 maggio 1449), Nobile borgognone, signore di Jonvelle, è stato Gran Maestro e Gran Ciambellano dei duchi di Borgogna Giovanni Senza Paura e Filippo il Buono.
Figlio di Guillaume de la Tremoille detto il Vaillant (valoroso) e di Maria signora di Suilly e di Craon, contessa di Guines, Aix La Chapelle, d'Orval e Espineuil, Montrond, Dun-le-Roi e Chateau-Meillant già vedova di Carlo di Berry conte di Montpensier. Si sposa con Jaqueline d'Amboise dalla quale avrà una figlia con lo stesso nome della madre. Grazie ai blasonati genitori si poteva fregiare dei seguenti titoli: di Tremoille, Signore di Jonvelle, di Beaumont, Saint-Loup, Conflans-Sainte-Honorine, Saint-Just, Sainte Hermine, Sully, Saint-Gaudon, Courcelles, Antilly, Bauche, Amboise, Montrichard e Bléré. Barone di Dracy. Prese parte alla guerra di Liegi. Fu spesso uno dei comandanti del Duca di Borgogna nelle armate condotte in Francia. Insieme con Filippo il Buono prese parte alla battaglia di Mons, dove riportò una bella vittoria sulle truppe del Delfino.

Araldica

Motto: *"Ne m'oublies pas"*. (non dimenticatemi). Grido: *"La Trémoille"*.
Blasone oro con gallone a V rovesciato rosso, intervallate da tre aquile azzurre con becco e unghie rosse, poste due su una. Il tutto bordato da un gallone rosso (Trémoille). Elmo con lambrecchino azzurro foderato oro, sormontato da un cimiero a forma di testa d'aquila azzurra con becco rosso, poggiante su corona ora. Cotta e gualdrappa del cavallo foderate in azzurro. Manto del cavallo non conosciuto.

CAVALIERE N. 13 GUILBERT DE LANNOY 1386-1462.

Guilbert de Lannoy (1386, 22 aprile 1462) Signore di Villeral e di Tronchienne, Consigliere e ciambellano del Duca di Borgogna. Secondo figlio di Guillebert de Lannoy, signore di Santes e di Caterina di Saint-Aubin signora di Molembaix. Due suoi fratelli furono pure fra i primi cavalieri del Toson d'oro: Hugues de Lannoy (brevetto n. 8) e Badouin de Lannoy (brevetto n. 20).
Guilbert de Lannoy iniziò la carriera militare nel 1399 quando venne coinvolto in un attacco francese sull'isola

di Wight. Lo ritroviamo presente nel 1400 a Falmouth. Negli anni dal 1403 al 1408 era al servizio di Jehan Werchin, il siniscalco di Hainaut. Insieme partecipa ad una crociata in terra santa, ad un torneo a Valencia, ed infine impegnato in una campagna contro i Mori in Spagna. Dal 1408 al 1412 partecipa a tutte le campagne del Duca di Borgogna. Fu tra i pochi superstiti della battaglia di Agincourt in Francia nel 1415. Ferito gravemente al ginocchio e alla testa, sepolto da una massa di sventurati compagni, venne fortunosamente recuperato dalle truppe britanniche. Lannoy ha poi riferito di essere stato rinchiuso con 10-12 prigionieri in una capanna in seguito data alle fiamme, per ordine di re Enrico V che non voleva fare prigionieri. Lannoy comunque si salvò grazie al fortunoso arrivo del Duca di Brabante, sul campo di battaglia. Il suo rapporto sulla battaglia fu assai significativo in quanto uno dei pochi sopravvissuti ad aver visto la strage compiuta dagli inglesi. Guilbert de Lannoy si sposò ben tre volte: con Leonora d'Esquennes dalla quale non ebbe figli. Con Maria (o Jeanne) de Ghistelles dalla quale fra gli altri ebbe un figlio. Filippo di Lannoy che divenne per eredità alla morte dello zio Hugues (cavaliere dell'ordine n. 8) nuovo Signore di Santes. Dalla terza moglie, Isabella di Drinckam ebbe un figlio, Pierre che diverrà a sua volta cavaliere del Toson d'oro (brevetto n. 101).

Araldica

Motto: *"Votre plaisir"*. (il vostro piacere). Blasone d'argento con tre leoni verdi posti due su uno, coronati e con unghie d'oro. Linguati di rosso. Il tutto gallonato con una bordura a punta di color rosso (Lannoy de Villeral). Il tutto sormontato da un lambello azzurro a tre 'gocce'. Elmo con lambrecchino argento foderato di verde, sormontato da corona oro con un cimiero a forma di liocorno argento con corno, criniera e barbetta d'oro. Cotta e gualdrappa del cavallo foderate in rosso. Cavallo grigio.

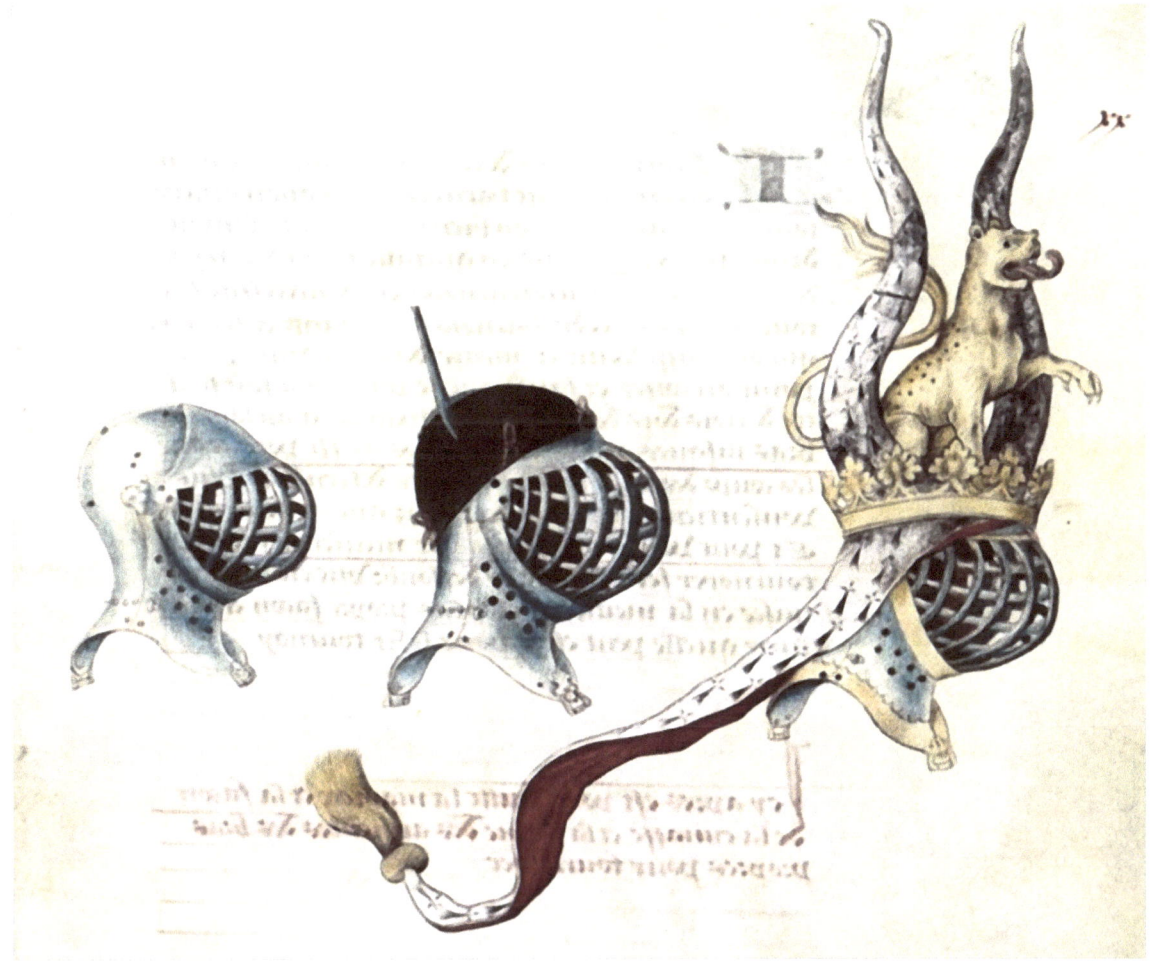

CAVALIERE N. 14 JEHAN II° DE LUXEMBOURG 1392-1441.

Jehan de Luxembourg (1392-5 gennaio 1441) Conte di Ligny e Guisa, signore di Beaurevoir e di Bohaing. Era figlio del conte Jean de Saint-Pol, il signore de Beauvoir e Margherita d'Enghien, contessa di Brienne e Conversano, e nipote di Guy di Luxembourg, conte di Ligny e Mahaut de Chatillon, contessa di Saint-Pol. Fratello di Pierre de Luxembourg (Brevetto n. 11).

All'inizio della sua carriera, entrò al servizio di Giovanni senza paura, Duca di Borgogna, che lo nominò governatore di Arras nel 1414. Nel 1418, liberò Senlis assediata dagli armagnacchi, ed è stato governatore di Parigi negli anni 1418-1420. Ritornò poi nei suo feudi di Guisa. Rivendicandone il possesso dopo aver visto confermato i suoi diritti da parte del Duca di Bedford, reggente di Francia per conto del nipote Enrico VI. Nel 1430, Giovanna d'Arco difendeva Compiègne dagli assalti borgognoni. Con un colpo di mano i vassalli di Giovanni di Luxembourg: il bastardo di Wandonne e Anthoine de Bournonville fecero prigioniera la pulzella d'Orleans e lo consegnarono a Jehan de Luxembourg, che la "rivendette" agli inglesi per la somma di 10.000 libbre. Nel 1435, si rifiutò di firmare il trattato di Arras, che poneva fine al conflitto tra Francia e Borgogna e per il quale ebbe diversi problemi con il re di Francia che però si risolsero positivamente. Nel 1418 sposò Jeanne de Bethune († 1449), figlia di Robert VIII de Bethune († 1408), visconte di Meaux, e di Isabella di Ghystelles (†1438), ma non ebbe figli. Secondo alcuni ciò fu dovuto alla presunta omosessualità del cavaliere.

Araldica

Motto: *"Nemo ad impossible tenetur"*. Motto tratto dalla Divisa della casata che raffigurava un camaleonte che a causa di un grande fardello posto sulla schiena non riusciva a tenersi sulle zampe.

Blasone in argento con leone rosso a coda incrociata, con corona e unghie d'oro. Lingua azzurra (Luxembourg) con lambello azzurro posto in testa con tre gocce. Elmo con lambrecchino argento foderato di rosso, sormontato da un cimiero a forma di mezzo drago alato in argento con lingua e occhi rossi. Cotta e gualdrappa del cavallo foderate in rosso. Cavallo grigio.

◄ **Ritratto di Jehan del Luxembourg** da un incisione coeva.

Portrait of Jehan of Luxemburg, from a contemporary engraving.

► **La promessa di premio** fatta da una dama dinanzi ai giudici scrutatori e a cavalieri d'onore. Da Da *Le Livre des tournois* by René d'Anjou del 1460.

The Promise of a reward made by a lady in front of the (scrutinizer) judges and honor knights. From the Le Livre des tournois by René d'Anjou dated to1460.

CAVALIERE N. 15 JEHAN DE VILLERS 1384-1437.

Jehan de Villers (1384- 22 maggio 1437 a Bruges). Signore de L'Isle-Adam e di Villiers le Bel. Mastro delle acque e delle foreste di Normandia. Nel 1415 governatore di Parigi. Consigliere e ciambellano dei duchi di Borgogna. Maresciallo di Francia nel 1418. Figlio di Pierre II de Villiers, morto nel 1399, e di Jeanne de Châtillon, morta nel 1410, ascese alla signoria alla morte della madre. Durante la guerra dei cent'anni venne preso prigioniero dagli inglesi nel corso dell'assedio di Harfleur il 18 settembre 1415, dopo una coraggiosa difesa; pagato il riscatto, venne ben presto liberato. Presente anche alla battaglia di Azincourt dove fu ferito. Offrì quindi i suoi servigi al Bernardo VII d'Armagnac, a capo del governo del Delfino, il quale però rifiutò il suo appoggio. Jehan si unì allora alla fazione del Duca di Borgogna Giovanni Senza Paura, e lo aiutò a conquistare Beaumont-sur-Oise, e Pontoise. Ebbe un ruolo importante nella presa di Parigi (29 maggio 1418) e nel conseguente massacro degli Armagnacchi.

Lo stesso anno Jean de Villiers fu creato maresciallo di Francia dal Duca di Borgogna al posto di Jean II Le Meingre, maresciallo legittimamente in carica, che però era prigioniero in Inghilterra (per tale ragione la nomina non venne quindi riconosciuta dal Delfino). Tuttavia la nomina fu poi confermata il 27 agosto dello stesso anno, e Villiers prestò nuovo giuramento il 12 settembre. Ritornato a Pontoise, nel 1419 dovette abbandonare la città agli inglesi, ritirandosi con le sue truppe a Beauvais. Partecipò quindi all'assedio di Roye-en-Vermandois.

Divenuto sospetto agli occhi degli inglesi, venne arrestato dal Duca di Exeter Thomas Beaufort nel 1420, e imprigionato a Parigi alla Bastiglia. Venne quindi destituito dalla carica di maresciallo l'8 giugno 1421. Riacquistata la libertà nel 1422 dopo la morte di Enrico V d'Inghilterra, grazie all'intercessione e ai buoni uffici del Duca di Borgogna Filippo il Buono. Restò quindi fedele agli anglo-borgognoni del Duca di Bedford e del Duca di Borgogna combattendo in Piccardia. Nel 1428 divenne capitano del Palazzo del Louvre, e

◄ **Il cavaliere Jean de Villiers.** Incisione tratta dal *Grand Armorial équestre* della Bibliothèque nationale de France

The knight Jehan de Villiers The engraving comes from the Grand Armorial équestre conserved in the Bibliothèque nationale de France.

► **Il cavaliere Jean de Villiers** in tenuta da cerimonia con tunica rossa. Da *Ordonnances et Armorial de l'Ordre de la Toison d'Or*, manoscritto miniato conservato a L'Aia, Koninklijke Bibliotheek

The Knight Jean de Villiers in ceremonial dress, wearing a red tunic. From an ancient manuscript conserved at La Hague in the Netherlands.

l'anno dopo governatore di Parigi. Cavaliere del Toson d'oro nel 1430. Siniscalco del Borbonese nel 1431, fu sconfitto da Jean de Dunois e dal maresciallo de Brosse all'assedio di Lagny-sur-Marne dello stesso anno. Venne poi nuovamente ristabilito nella carica di maresciallo di Francia per iniziativa del Duca di Bedford. La successiva pace di Arras del 1435 lo riportò al servizio del re di Francia Carlo VII, che lo nominò definitivamente maresciallo di Francia il 21 settembre. Riprese Pontoise agli inglesi, quindi Parigi, con il connestabile de Richemont nel 1436, restituendo al re la città da cui era stato cacciato quando era erede al trono nel 1418. Nel corso di una visita compiuta insieme al Duca di Borgogna a Bruges, rimase ucciso nel corso di un tumulto popolare il 22 maggio 1437. E' sepolto nella stessa città, nella chiesa di Saint-Donatien. Una volta sottomessa la città ribelle di Bruges, il Duca di Borgogna ordinò che venisse celebrata una messa di suffragio ed espiazione ogni anno il 22 maggio in memoria del suo amato cavaliere de Villiers. Sposò Jeanne de Vallangoujard, da cui ebbe sei figli tra cui Jacques, che ereditò la signoria di L'Isle-Adam, divenne prevosto di Parigi, consigliere e ciambellano del re, e sposò Jeanne de Nesle, discendente di due marescialli di Francia. Un suo nipote, Philippe Villiers de L'Isle-Adam, divenne gran maestro dei Cavalieri Ospitalieri nel 1521, e si mise in evidenza durante la difesa di Rodi.

Araldica

Motti: *"Va oultre"*, *"la main a l'oeuvre"*, *"Ubique similis"*. Blasone d'oro sotto campo azzurro, caricata da un braccio destro d'armellino con sciarpa sempre d'armellino frangiata argento con mano posta a sinistra. Elmo con lambrecchino argento foderato di azzurro, sormontato da un cimiero a forma di testa di gallo in argento con becco, cresta e bargigli rossi. Cotta e gualdrappa del cavallo foderate in rosso. Manto del cavallo sconosciuto.

◄ **Giostra di Bruges XV secolo - Araldo e trombettiere danno inizio al torneo.** Da Da *Le Livre des tournois* by René d'Anjou del 1460.

Tournament of Bruges in the fifteenth century. Herald and trumpeter announce the beginning of the tournament. From the Le Livre des tournois by René d'Anjou dated to 1460.

► **Un'altra immagine relativa alla riunione di un capitolo dei cavalieri del Toson d'Oro.** Interessante per la presenza dei segretari posti nel tavolo centrale di fronte allo scranno del sovrano dell'Ordine.

Another image which depicts a meeting of a Chapter of the Knights of the Golden Fleece. The image is outstanding because it depicts the secretaries sitting around the central table in front of the high-backed chair of the Sovereign of the Golden Fleet.

CAVALIERE N. 16 ANTOINE DE CROY 1385-1475.

Antoine de Croy detto il Grande (c. 1385, 21 settembre 1475), Signore di Croy, di Renty, Beaurain, Bar-sur-Aube e Rozay, conte di Beaumont (Hainaut) e di Porcien Guines. Fu governatore delle Fiandre e Luxembourg, figura di spicco del partito filo-francese alla corte di Filippo il Buono. Fu uno dei giudici che sedevano al processo di Jean II di Alençon (cavaliere brevetto n. 40) nel 1458 per delitto di lesa maestà. Era il figlio di John Croy (morto ad Azincourt) e Mary de Craon.
Fratello di Jehan II de Croy (brevetto n. 23).
Come suo padre prima di lui, guidò gli eserciti franco-borgognoni contro i ribelli di Liegi e gli inglesi. Si distinse nella battaglia di Brouwershaven (1426). Mentre era al servizio di Giovanni Senza Paura rimase coinvolto nell'omicidio di Luigi d'Orleans e sottoposto a interrogatorio nel castello di Blois. Questo assassinio scatenò la guerra civile tra armagnacchi e borgognoni.
Durante la sua presenza nella corte borgognona ottenne la signoria dei Roeulx nel 1429. Nel 1426 acquistò il Castello Montcornet, che ricostruì ampliandolo. Nel 1431, il suo secondo matrimonio con Margherita, gli portò in dote le signorie di Bierbeke e Aerschot. Nel 1438 acquistò il castello di Château-Porcien.

Dopo l'investitura Ducale di Carlo il Temerario, Antoine fu accusato di cospirare con gli astrologi contro il suo signore e fuggì in Francia. Qui assistette all'incoronazione di Luigi XI, ed ebbe l'onore di far da padrino a Luigi XII. La sua riconciliazione con Carlo il Temerario avvenne solo nel 1468, anno in cui riebbe tutti i suoi averi in Borgogna.

Sposò in prime nozze Marie de Roubaix (1390-1430) nel 1410, figlia di Jean de Roubaix cavaliere n. 4 dell'Ordine del Toson d'oro, ebbe da questa una figlia di nome Maria. Dalla sua seconda moglie Margherita di Lorena-Vaudemont (1420-1477) signora di Aerschot e Bierbeke, sposata nel 1432 ebbe ben otto figli. Fra essi ricordiamo: Joanne (1435-1504), sposata con Luigi Conte Palatino di Pfalz-Saarbrücken. Filippo I di Croy, Duca di Chimay che ereditò la casata e divenne cavaliere del Toson d'oro (brevetto n. 76). Jean III di Croy, (1436-1505), capostipite del ramo di Croy-Roeulx. E poi le figlie: Maria, (1440-1489), Jacqueline (1445-1486) e Isabeau (1450-1523).

Araldica

Motti: *"Souvenance"*. (ricordo).

Blasone inquartato al 1° e 4° in argento con tre fasce rosse (De Croy). Al 2° e 3° argento con tre asce rosse poste due su una. Elmo con lambrecchino nero (argento secondo altre fonti) foderato di rosso (in argento dallo stallo di Pierre Coustain), sormontato da un cimiero a forma di testa di levriero nero con collarino rosso gallonato e con anello d'oro con svolazzo di ali a tre ordini in argento. Posto sopra una corona in oro. Cotta e gualdrappa del cavallo foderate in azzurro. Cavallo grigio scuro.

◄ **Il cavaliere Jean II de Croy.** Incisione tratta dal *Grand Armorial équestre* della Bibliothèque nationale de France

The knight Jehan II de Croy The engraving comes from the Grand Armorial équestre conserved in the Bibliothèque nationale de France.

► **La sfarzosa corte di Filippo il Buono di Borgogna** è ben evidenziata in questa deliziosa miniatura di Jean Wauquelin sul *Roman d'Alexandre*.

The opulent court of Philip the Good, Duke of Burgundy is well emphasized in this miniature of Jean Wauquelin, which depicts the Roman d'Alexandre.

CAVALIERE N. 17 FLORIMOND DE BRIMEU ... - 1441.

Florimond de Brimeu signore de Massincourt. Siniscalco di Ponthieu. Fu autorizzato ad essere il liegittimo proprietario delle armi di Brimeu a seguito del processo intentato ad Arras il 13 agosto 1435 da lui vinto contro lo zio David de Brimeu (brevetto n. 7).
Figlio di Guy de Brimeu signore di Massincourt. Fu fatto prigioniero nella battaglia di Compiègne. Contribuì a riprendere Crotoy agli inglesi.

Araldica

Motti: *"Autrefois mieux"*. (ancora una volta). Blasone in argento con tre aquile rosse posate due su una con becco e membra azzurre. Elmo con lambrecchino argento foderato di rosso, sormontato da un cimiero a forma di testa e collo di cigno argento con tre ordini di ali sempre in argento. Becco rosso. Cotta e gualdrappa del cavallo foderate di rosso. Cavallo bruno baio.

CAVALIERE N. 18 ROBERT DE MASMINES 1387-1431.

Robert de Masmines (c. 1387 - settembre 1431), nome completo Robert de Rasseghem, Signore di Masmines (Massemen), Westrem, Hemelveerdegem, Beerlegen e membro del consiglio di Fiandra. Governatore della contea di Hainaut in Borgogna. Robert de Masmines era figlio di Walrave de Rasseghem, Signore de Masmines e di Margherita Tyncke. La madre era una figlia di Robert Tyncke, maresciallo delle Fiandre, e Beatrice de Dampierre. Sposatosi con Elizabeth (Isabeau) di Leeuwerghem, figlia di Ghilbert de Leeuwerghem e Marguerite de Ghistelles. La coppia ebbe due figlie: Béatrix de Masmines, che divenne signora di Belleghem, e Marguerite de Rasseghem signora di Masmines. Robert de Masmines fu uno dei principali capitani che seguirono il Duca Giovanni senza paura nel 1417. Morì durante un combattimento a Liegi nel 1431. Celebre un suo ritratto eseguito dal maestro fiammingo Robert Campin (nato intorno al 1375) perché considerato come uno dei primi ritratti moderni dell'arte europea slegato dall'usuale contesto religioso.

Araldica

Grido: *"Rassegem"*. Blasone azzurro con leone oro con unghie e lingua rosse sulla spalla del leone un fiore di giglio rosso. Elmo con lambrecchino argento foderato di azzurro, sormontato da un cimiero a forma delfino d'argento con pinne rosse, mordente l'elmo e con la coda piegata. Cotta e gualdrappa del cavallo foderate di rosso. Cavallo nero.

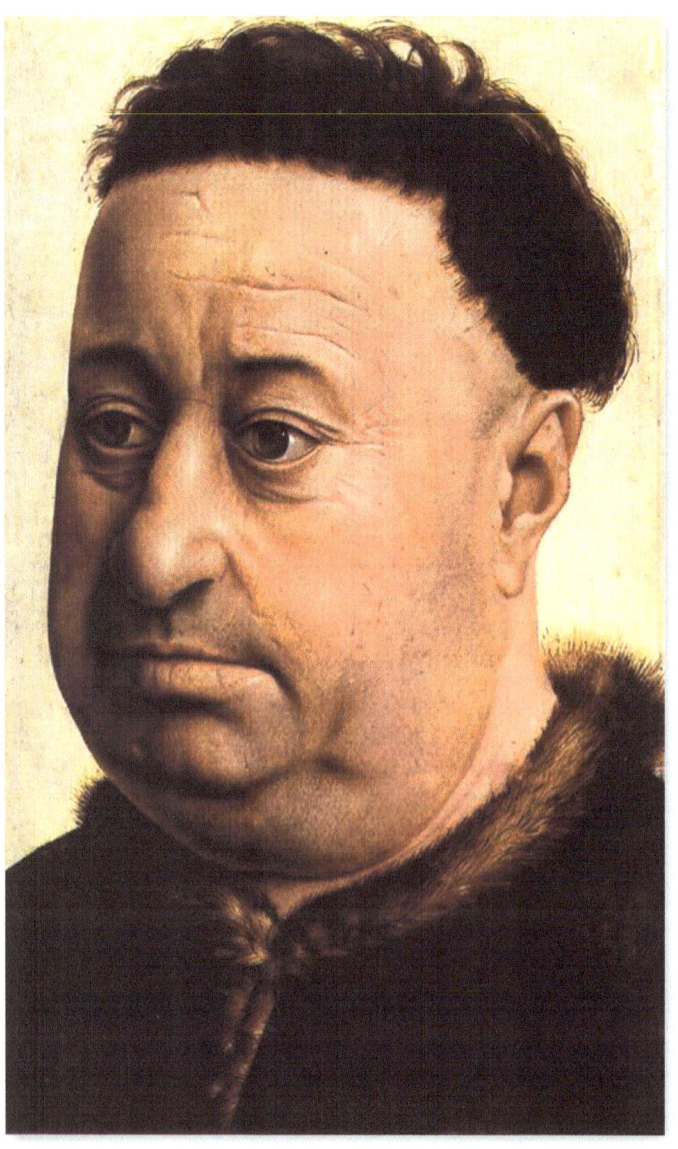

◄ **In queste pagine potete ammirare due capolavori dell'arte fiamminga.** Il cavaliere Robert de Masmines nell'ispirato ritratto di Robert Campin, costituì uno dei primi esempi moderni di ritrattistica introspettiva che esulasse da tematiche sacre. Museo Thyssen-Bornemisza, Madrid

Portrait of Robert de Masmines of Robert Campin. Museo Thyssen-Bornemisza, Madrid.

► **Altro ritratto assai famoso, è quello di Badouin de Lannoy** eseguito dal grande maestro fiammingo Jean van Eyck. Gemäldegalerie Berlino.

Portrait of Baudouin de Lannoy of Jan van Eyck. Gemäldegalerie Berlin.

CAVALIERE N. 19 JACQUES DE BRIMEU 1384- 1447.

Jacques de Brimeu (1384-1447) Signore di Grigny, maresciallo dell'Hotel del Duca di Borgogna. Era il fratello di David e zio di Florimond, Cavalieri del Toson d'Oro (brevetti n. 7 e 17). Terzo figlio di Florimond I° di Brimeu, signore di Mazicourt e di Maria di Créquy. Prese parte all'assedio di Crotoi e fu fatto prigioniero alla battaglia di Mons en Vimeu nel 1431. Sposò una dama di Humbercourt.

Araldica

Motto: *"Plus que toutes"*. (più di tutto). Blasone in argento con tre aquile rosse posate due su una con becco e membra azzurre. Nel cuore del blasone un leone nascente oro. Elmo con lambrecchino argento foderato di rosso, sormontato da un cimiero a forma di testa e collo di cigno argento con tre ordini di ali sempre in argento. Becco rosso. Cotta e gualdrappa del cavallo foderate di azzurro. Cavallo grigio scuro.

CAVALIERE N. 20 BADOUIN DE LANNOY 1388-1474.

Badouin (Baldovino) de Lannoy, detto le Bègue (balbuziente) signore di Molembaix e di Launaix (nasce attorno al 1388 a Hénin-Beaumont e muore nel 1474 a Huppaye). Tredicesimo figlio di Guillebert de Lannoy, signore di Santes e di Caterina di Saint-Aubin signora di Molembaix. Due suoi fratelli furono pure fra i primi cavalieri del Toson d'oro: Hugues de Lannoy (brevetto n. 8) e Guilbert de Lannoy (brevetto n. 13). Un suo figlio, omonimo sarà cavaliere del Toson d'oro nel 1481 in occasione del 14° capitolo tenutosi a Bois le Duc, con il brevetto n. 92.

Badouin de Lannoy si sposò due volte. Il primo matrimonio fu con Maria signora di Melles, Caucourt e Dolhaim. I due non ebbero figli. Risposatosi con Adrienne de Berlaymont, signora di Soire le Chateau, ebbero un figlio citato cui venne dato lo stesso nome di Badouin. Altri suoi discendenti furono Charles de Berlaymont e Claude de Berlaymont, anch'essi futuri cavalieri del Toson. Badouin de Lannoy fu anche ambasciatore di Filippo il Buono presso re Enrico V d'Inghilterra. In occasione di questo suo prestigioso incarico, Badouin commissionò un suo ritratto al celebre pittore Jan van Eyck. Fra i posteri che questo cavaliere può vantare citiamo Philippe de La Noye (1602-1681), a sua volte celebre antenato di molti americani di spicco, tra cui Ulysses S. Grant e Franklin Delano Roosevelt (Lannoy-La Noye-Delano).

Araldica

Motto: *"Bonnes nouvelles"* (buone notizie)
Blasone d'argento con tre leoni verdi posti due su uno, coronati e con unghie d'oro. Linguati di rosso. Il tutto gallonato con una bordura a punta di color rosso (Lannoy de Villeral). Nel cuore dello stemma uno scudo argento con quattro fasce azzurre (di Molembaix). Elmo con lambrecchino argento foderato di verde, sormontato da corona oro con un cimiero a forma di liocorno argento con corno, criniera e barbetta d'oro. Cotta e gualdrappa del cavallo foderate in azzurro. Cavallo grigio scuro.

CAVALIERE N. 21 PIERRE DE BAUFFREMONT 1400-1472.

Pierre Bauffremont (1400-7 agosto 1472) Conte di Charny e signore di Montfort e siniscalco di Borgogna. Secondo figlio di Henri di Bauffremont signore di Scey in Borgogna e Jeanne de Vergy, signora di Mirebeau e di Charny. Di sposò tre volte: la prima con Agnese di Saulx, poi con Jeanne de Montagu ed infine, a comprova della forte stima che il Duca di Borgogna aveva per lui con Maria di Borgogna, figlia illegittima di Filippo il Buono, matrimonio avvenuto per contratto del 17 Settembre 1447 seguito da un trattato firmato a Bruxelles 30 settembre 1448. Rimasta vedova Maria si risposò con Louis de Chalon signore d'Isle sous Montrèal. Ebbe due figlie dal suo terzo matrimonio: Antoinette, la contessa, che andò in sposa ad Antoine di Luxembourg, conte di Brienne. Ereditò dal padre titoli e proprietà. La secondogenita Filiberta, sposò in prime nozze Jean Chalon principe d'Orange, signore di Montfort. In seconde nozze Jacques Rolin, ed infine il suo terzo marito Philippe de Longwy con il quale ebbe quattro figli. Fu inviato dal Duca Carlo il temerario in Inghilterra per ricevere in consegna la fidanzata del Duca, Margherita figlia del re inglese. Nel 1435 fu uno dei dignitari firmatari della pace di Arras.

Araldica

Motto: *"Plus deuil que joye"* (più lutti che gioie). *"Deus adest primo christiano"* (Dio aiuta il primo cristiano). Divisa: *"Aux Bauffremont les bons barons vaillance et pitié noblesse et bontè"*.

Blasone inquartato: al 1° e 4° vaiato oro e rosso (di Bauffremont). Al 2° e 3° rosso con tre cinquefoglie forate oro, disposte due su una (Vergy). Elmo con lambrecchino oro foderato di rosso, con un cimiero a forma sfera recante le araldiche della casata con un piumaggio nero alla sua sommità il tutto fra due corna oro. Cotta e gualdrappa del cavallo foderate in azzurro. Cavallo grigio.

◄ **Il cavaliere Pierre Bauffremont.** Incisione tratta dal *Grand Armorial équestre* della Bibliothèque nationale de France

The knight Pierre Bauffremont The engraving comes from the Grand Armorial équestre conserved in the Bibliothèque nationale de France.

► **Charles de Ternant,** fu compagno di giochi di Carlo il Temerario. Si deve alla sua famiglia la realizzazione di questo stupendo trittico: *le retable de la Vierge*.

Charles de Ternant was a playmate (childhood companion) of Charles the Bold. His family commissioned this beautiful triptych le retable de la Vierge, in which is depicted the patron.

CAVALIERE N. 22 PHILIPPE DE TERNANT 1400-1456.

Philippe de Ternant (1400 - 1456) fu ciambellano di Filippo il Buono Duca di Borgogna, signore di ternat e de la Motte. Suo figlio, Charles de Ternant fu uno dei migliori amici d'infanzia di Carlo il Temerario. Figlio di Hugues de Ternant e di di Alice di Nory signora de la Motte de Thoisy (sua seconda moglie). Governatore di Parigi dopo la pace di Arras del 1435. Fece da mediatore nella controversia che divise il Duca di Borgogna dalla ribelle Bruges. Comandante della Guardia borgognona nel 1442. La famiglia Ternant è oggi ricordata anche per aver commissionato due celebri trittici: la pala della Vergine, opera di maestri fiamminghi e la pala della passione che invece appartiene ad artisti del Brabante. Entrambi questi capolavori sono conservati nella chiesa di Ternat. Su uno di essi appare alla sinistra di chi guarda lo stesso Philippe Ternat assorto in preghiera.
Sposa Isabeau de Roye (sorella di Guy de Roye cavaliere del Toson col brevetto n. 64). Ebbero un figlio chiamato Charles-Ferdinand.

Araldica

Divisa: due bracciali attorno ad amorini.
Blasone a scacchi oro e rosso (di Ternant). Elmo con lambrecchino rosso foderato oro, con un cimiero a forma di busto di dama vestita d'azzurro con inserti vaiati al collo e maniche. Copricapo oro con uno chaperon verde che ricade sul braccio sinistro della dama. Cotta e gualdrappa del cavallo foderate in azzurro. Cavallo bianco.

CAVALIERE N. 23 JEHAN DE CROY 1403-1472.

Jean II de Croy (1403 - 25 marzo 1473 a Valenciennes e sepolto nella chiesa di Chimay). Figlio cadetto di Jean I de Croy signore di Renty (morto nel 1415 nella battaglia di Agincourt) e Marie de Craon. Fratello minore di Antoine I de Croy (brevetto n. 16). Proveniente da una antica e nobile famiglia franco-borgognona Croÿ fu conte di Chimay, signore di Tours-sur-Marne, primo governatore del Ducato di Luxembourg oltre ad essere un importante membro della corte Ducale di Borgogna. Jean ricoprì diverse missioni come capo militare e regnò l'Hainaut dal 1434 al 1438 come balivo (ufficiale giudiziario) e capitano generale. Jehan fu una sorta di ambasciatore borgognone alla corte del re di Francia e per questo motivo apparteneva al partito filo-francese. A seguito dei contrasti fra le due casate fu quindi costretto a fuggire insieme ad altri membri della famiglia dalla Borgogna nel 1465, ma già nel 1468 poté far ritorno ai suoi feudi dopo aver ottenuto il perdono ufficiale di Carlo il Temerario. Il 28 Novembre 1428 sposò Marie de Lalaing signora di Quièvrain († 20 gennaio 1475), dalla quale ebbe i seguenti figli: Jacqueline (1430-1500) andata sposa a Jean IV de Nesle. Filippo I (1436-1482), suo successore e futuro cavaliere del Toson d'oro (brevetto n. 76). Jacques († 15 agosto, 1516), vescovo di Cambrai. Caterina (1440-1515) e Michel de Croy (1445/46-1516), anch'egli futuro cavaliere dell'ordine (brevetto n. 116).

Araldica

Motto: *"Souvienne vous"*. (ricordatevi).
Blasone inquartato al 1° e 4° in argento con tre fasce rosse (De Croy). Al 2° e 3° argento con tre asce rosse poste due su una (di Rentry). Su tutto nel cuore uno scudo inquartato a sua volta: al 1° e 4° a losanghe oro e rosso (di Craon) al 2° e 3° oro con leone nero armato e linguato rosso (di Fiandra). Lambrecchino nero foderato rosso, sormontato da un cimiero a forma di testa di levriero nero con collarino rosso gallonato e con anello d'oro con svolazzo di ali a tre ordini in argento. Posto sopra una corona in oro. Cotta e gualdrappa del cavallo foderate di rosso. Cavallo bruno baio.

▶ **Stemma di Jean de Croy.** Tavola inserita nello stallo della Sint Baafskathedraal di Gand opera di Lukas de Heere.

Coat of Arms of Jean de Croy. This painting stands in the stall of the Sint Baafskathedraal of Gand. Work of Lukas de Heere.

▶▶ **Il cavaliere Jean de Créquy.** Incisione tratta dal *Grand Armorial équestre* della Bibliothèque nationale de France

The knight Jean de Crequy The engraving comes from the Grand Armorial équestre conserved in the Bibliothèque nationale de France.

CAVALIERE N. 24 JEHAN DE CRÉQUY 1397-1473.

Jean de Créquy (1395-1474) proviene da una famiglia di tradizione militare che data dal X secolo, figlio di Jean IV di Créquy (1366-1411) e Jeanne de Roye (1375-1434). Alla morte del padre egli diviene signore di Créquy, Canaples e Fressin e Moliens. Consigliere e ciambellano di Filippo il Buono. Prese parte alla guerra dei cent'anni, su entrambe i fronti, a causa dei continui cambiamenti di alleanze operate dai duchi di Borgogna. Cosa questa che come abbiamo visto portò non poche tribolazioni persino ai "fedeli" cavalieri dell'ordine. Jean de Créquy prese parte alla difesa di Parigi contro Giovanna d'Arco, e divenne poi ambasciatore di Francia alla corte aragonese.

Si sposò due volte. Una prima con Margherita de Bours, dalla quale non ebbe figli. Nel 1456 sposa Louise de La Tour d'Auvergne la figlia di Bertrand de La Tour d'Auvergne e Jacquette du Peschin. I due ebbero otto figli fra i quali ricordiamo: Jacqueline (1457-1509) e Jean VI de Créquy (1458-1480) che sposerà Francesca de Rubempré figlia di Jean de Rubempré cavaliere del Toson d'oro (brevetto n. 75).

Araldica

Motto: *"Souvent m'en est"* (è spesso il mio). Motto della famiglia: *"A Créquy, Créquy le grand baron, nul ne s'y frotte"*. (a Créquy, il grande barone, nulla si sfrega) chiara allusione alla figura del porcospino antica divisa della famiglia.

Blasone oro con un créquier (vepre) color rosso. Il vepre è una figura araldica convenzionale che rappresenta, in forma molto stilizzata, un ciliegio selvatico o un pruno costituito da sette rami in forma simile a un candelabro. Elmo con lambrecchino oro foderato rosso, con un cimiero composto da una sfera rossa posta fra due teste di cigno affrontanti d'argento con becchi rossi che tengono insieme un anello d'oro con un rubino. Cotta e gualdrappa del cavallo foderate di rosso. Cavallo bruno baio.

◄ **Stemma di Jean de Crequy.** Tavola inserita nello stallo della Sint Baafskathedraal di Gand opera di Lukas de Heere.

Coat of Arms of Jean de Crequy. This painting stands in the stall of the Sint Baafskathedraal of Gand. Work of Lukas de Heere.

► **Le roi d'armes annunciano il torneo** mentre gli araldi distribuiscono i blasoni dei giudici ai cavalieri. Da Da *Le Livre des tournois* by René d'Anjou del 1460.

The roi d'armes announces the tournament, while the heralds distribute the blazons of the judges and of the knights. From the Le Livre des tournois by René d'Anjou of 1460.

CAVALIERE N. 25 JEHAN DE NEUFCHÂTEL 1378-1433.

Jehan de Neufchâtel (1378-1433) signore di Montague e Amance Saint-Lambert. Consigliere e ciambellano del Duca di Borgogna. Guardiano e governatore della Contea di Borgogna. Figlio di Thibaut di Neufchâtel e di Margherita di Borgogna signora di Montagu. Fu escluso dall'ordine nel 1431 per esser fuggito ignominosamente durante la battaglia di Anthonne del 11 giugno 1431. Non potendo sopportare tale onta decise di fare un viaggio di pentimento al Santo Sepolcro di Gerusalemme dove poi morì. Sposato con Jeanne de Ghistelles dalla quale non ebbe figli. Ebbe tuttavia un figlio naturale da un'altra donna: Thibaut bastardo di Neufchâtel signore di Chamillay. Lasciò invece l'eredità al giovane nipote che aveva lo stesso nome. Questi diverrà cavaliere del Toson d'oro (brevetto n. 53). Una curiosa coincidenza legherà questi due Neufchâtel. Infatti anche il secondo Jehan sarà escluso dall'ordine nel 1481 per decisione presa durante la riunione del 14° capitolo tenutosi a Bois le Duc. In questo secondo caso l'accusa fu di aver preso le parti della Francia.

Araldica

Motto: *"fier de Neufchâtel"*, *"Oultrecuydance de Neufchâtel"*. Blasone inquartato al 1° e 4° rosso con banda d'argento (di Neufchâtel). Al 2° e 3° di rosso con aquila d'argento (di Montagu). Elmo con lambrecchino argento foderato di rosso, con un cimiero formato da due ali rosse con banda in argento. Cotta e gualdrappa del cavallo foderate di rosso. Manto del cavallo sconosciuto.

Questi, insieme al Duca di Borgogna furono i primi 25 cavalieri creati alla fondazione dell'Ordine.
Il primo capitolo (e la prima festa) si tenne invece a Lille nella collegiale di Saint Pierre dal 29 novembre al 4 dicembre del 1431. In detta occasione erano presenti, oltre il Duca Filippo il Buono, altri 18 cavalieri. Altri quattro (Regnier Pot, Guillame de Vienne, Pierre de Luxembourg e Jehan de Luxembourg) erano presenti per procura. Uno, Robert de Masmines assente in quanto defunto. Il cavaliere n. 25, Jehan de Neufchâtel assente perché escluso dall'ordine. In occasione del primo capirolo vennero quindi nominati due nuovi cavalierie che andavano a sostituire i due posti rimasti liberi. Essi furono il n. 26 Federico conte di Meurs che rimpiazzò il Masmines. Il n. 27, Simon de Lalaing signore di Montigny che rimpiazzò il Neufchâtel. Ma queste sono nomine di cui ci occuperemo sul prossimo volume.

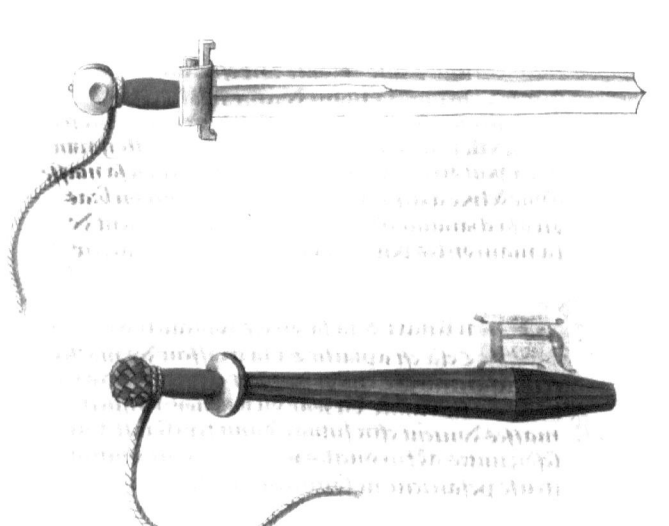

◀ **Esempi di spade cortesi e mazze da torneo.** Da Da *Le Livre des tournois* by René d'Anjou del 1460.

Examples of swords worn at court and tournament' maces. From the Le Livre des tournois by René d'Anjou of 1460.

▶ **Il cavaliere Jehan de Neufchâtel** in tenuta da cerimonia con tunica rossa. Da *Ordonnances et Armorial de l'Ordre de la Toison d'Or*, manoscritto miniato conservato a L'Aia, Koninklijke Bibliotheek

The Knight Jean de Neufchatel in ceremonial dress, wearing a red tunic. From an ancient manuscript conserved at La Hague in the Netherlands.

L'ARTE ALLA CORTE DI BORGOGNA

I duchi di Borgogna possono vantare anche la nascita e la diffusione della grande pittura fiamminga che esordisce proprio nel '400 nelle Fiandre grazie alla grande genia di Jan van Eyck, alla fiorente prosperità della regione e come detto al mecenatismo dei Borgogna. Il Quattrocento fiammingo può considerarsi, assieme al Rinascimento italiano uno dei massimi riferimenti culturali per tutta l'Europa del tempo. Le Fiandre del tempo comprendevano per intero anche l'Artois, il Brabante, l'Hainaut, il Limbourg, Olanda e Zelanda. L'annessione al potente Ducato di Borgogna, nel 1384, mantenne grazie a regnanti come Filippo II l'Ardito e Filippo il Buono, non fece altro che favorire questa fortunata situazione, specialmente dopo lo spostamento della capitale da Digione a Bruxelles operata da Filippo il Buono nel 1419.

Jan van Eyck

Massimo protagonista di questa superba arte fu come si è detto Jan van Eyck. Il grande artista fiammingo nasce a Maaseik (Limburgo) sul confine con l'Olanda nel 1390. Morirà circa mezzo secolo dopo a Bruges nel giugno del 1441. Fu un artista cui fu riconosciuto presto fama internazionale e il suo stile, incentrato su una resa analitica della realtà, ebbe un larghissimo influsso. Fu anche un innovatore della tecnica della pittura ad olio, che gradualmente sostituì l'uso della tempera, fino allora la tecnica artistica dominante. Nonostante sia considerato il maggior pittore nord europeo del suo tempo, le notizie riguardanti la sua vita sono ancora oggi avvolte nella nebbia. Non si è ancora certi del luogo (chi parla di Maastricht),

◀ **La Madonna del Cancelliere Rolin** dipinta da Jan van Eyck, verso il 1435 conservata nel Louvre a Parigi. L'opera venne dipinta per il potente cancelliere di Borgogna e di Brabante Nicolas Rolin (il particolare della nostra immagine). Alcuni mettono in relazione il dipinto con l'elezione del fratello del cancelliere, Jean Rolin, come vescovo di Autun nel 1436 avvalorata dall'immagine della cattedrale nello sfondo. L'importante pala venne conservata per anni nella cappella della famiglia Rolin nella chiesa di Notre-Dame-du-Chastel ad Autun, finché nel 1805, in piene guerre napoleoniche l'opera "finisce" al Louvre.

The Madonna of Chancellor Rolin is an oil painting by the great Flemish master Jan van Eyck, dating from around 1435. It is on display in the Musée du Louvre, Paris.

▶ **La Deposizione dalla Croce** del 1435, Museo del Prado Madrid. Capolavoro del grande pittore Rogier Van der Weyden.

The Deposition of Christ from the Cross the most famous work of the Flemish artist Rogier van der Weyden of 1435. Museo del Prado, Madrid.

ne della data (con un escursione di ben 10 anni). Non sappiamo ad esempio dove e come si è artisticamente formato, anche se con molta probabilità deve avere dapprima appreso l'arte della grafica miniata, allora molto in voga e richiesta. Da questa tecnica ereditò l'amore per i dettagli minuti che farà sempre parte delle sue opere mature. I primi dati certi riguardo la sua biografia, collocano l'artista al servizio di Jean de Baviera Hainaut Signore dell'Olanda negli anni dal 1422 al 1424. Nel 1425, il grande salto. Jean diviene pittore di corte del Duca di Borgogna Filippo il Buono, ruolo che ricoprì fino alla morte, sempre accompagnato da stima e incarichi che lo resero assai ricco e influente. Per conto del Duca di Borgogna compì anche numerose missioni diplomatiche. Insieme al cavaliere del Toson d'Oro Jehan V de Roubaix si recarono nel 1428 presso la corte lusitana a Lisbona, per trattare le nozze del Duca con Isabella di Portogallo. Compito espresso del pittore: eseguire ritratti della principessa. Negli anni successivi realizza le sue opere più note, come quella dei coniugi Arnolfini. Il celebre ritratto della coppia toscana (entrambi di Lucca) risale al 1434. Mentre il suo capolavoro, il Polittico di Gand risale agli anni dal 1426 al 1432. Visse molti anni nella città francese di Lille, ma nel 1432 si trasferì nella città fiamminga di Bruges dove morì circa dieci anni dopo.

Robert Campin e Rogier van der Weyden

Altri grandi artisti al servizio della corte borgognona furono Robert Campin (1378-1444) e Rogier van der Weyden, pseudonimo di Rogier de la Pasture (1399-1464).
Campin è considerato, insieme a Jan van Eyck, come principale protagonista della pittura fiamminga, quando con il suo intenso realismo si distaccò dall'arte idealizzata e sognante del tardo gotico nella pittura nel Nord. Anche nel caso di Campin, le notizie biografiche sono alquanto scarne, e spesso venne confuso con un fantomatico artista denominato Maestro di Flémalle, che oggi viene riconosciuto universalmente proprio nel

Campin. Nacque probabilmente a Valenciennes tra il 1378 e il 1379. Nel 1406 troviamo l'artista presente e attivo a Tournai, città facente parte del Ducato di Borgogna. Qui Campin fondò una scuola di pittura, e qui visse per gran parte della sua esistenza e dove morì, dopo vari travagli dovuti al suo carattere irrequieto e critico. Ebbe fra i suoi allievi Jacques Daret e Rogier Van der Weyden, suo vero e primo erede artistico.

La fama di Weyden quale allievo prediletto del Campin crebbe tanto che venne nominato pittore ufficiale della città di Bruxelles e della Casa d'Este. L'artista fu anche uno dei precursori nell'uso della tela con supporto ligneo (cosi come Van Eyck lo fu dei colori a olio). Sposatosi con Elisabeth Goffaert, figlia di un calzolaio. Da questa ebbe due figli: Jan che divenne poi orafo e Peter che divenne pure un celebre artista. La famiglia Van der Weyden vantò anche un terzo artista in Goossen, che era nipote di Rogier. Ebbe fama e ricchezza dalla sua attività. La sua dislocazione nella prima città Ducale certo lo favorì e numerosi furono le commissioni per la corte borgognona, fra le quali numerosi ritratti della famiglia del Duca Filippo il Buono. Nel 1449, in occasione del giubileo del 1450, fece il "gran tour" in Italia dove visitò Milano, Mantova, Ferrara, Firenze e Napoli studiando opere fondamentali dell'arte italiana e dove incontrò fra gli altri il Beato Angelico, all'epoca tra gli artisti più quotati a Firenze. Morì a Bruxelles il 18 giugno 1464, alla bella età (per i tempi) di 65 anni.

Sotto: **Il Ritratto di giovane donna** di Rogier van der Weyden, del 1460. National Gallery of Art di Washington.
Portrait of a Lady of Rogier van der Weyden, c. 1460, National Gallery of Art, Washington,

BIBLIOGRAFIA - BIBLIOGRAPHY

La bibliografia sull'Ordine del Toson d'Oro è assai corposa e generalmente antica. Qui sono citati solo i testi più noti e importanti insieme alle poche fonti moderne.

- Cavalieri in giostre e tornei vol. 1 e 2. Di Luca Cristini. Soldiershop Publishing 2010.
- Ordine de cavalieri del Tosone d'oro di Francesco Sansovino 1558.
- L'eraldique des chevaliers de l'Ordre de la Toison d'Or di René e Maguy Aquilina. 1993.
- Histoire de l'ordre de la Toison d'Or, depuis son institution jusqu'à la cessation des chapitres généraux: tirée des archives mêmes de cet ordre et des écrivains qui en ont traité di F. A. Ferdinand Thomas de Reiffenberg 1830.
- La Toison d'or di Baron Henri Marie Bruno Joseph Léon Kervyn de Lettenhove 1907.
- Les ordonnances de l'Ordre de la Toison d'Or Editore Trattner, 1757.
- Le premier volume de la Toison d'Or Autore di Guillaume Fillastre Editore Poncet le preux, 1530.
- Les mystères de la toison d'or di Charles Francois Amounet de Hailly 1658.
- La Toison d'Or, ou Recueil des Statuts de l'Ordre de la Toison d'Or 1689.
- L'Argonautique ou La conquête de la Toison d'or, da Caius Valerius Flaccus, rid. di D. de La Malle 1811.
- Relation extraordinaire de la cérémonie du Toison d'Or, du 23 avril 1679.
- Le blason des armoiries de tous les chevaliers de l'ordre de la Toison d'or depuis la première institution jusques à present di Jean-Baptiste Maurice 1667.
- Le Mausolée de la Toison d'or, ou Les tombeaux des chefs et des chevaliers du noble ordre de la Toison d'Or, contenant leurs éloges, inscriptions, alliances, Editore H.Desbordes, 1689.
- Recherche des antiquitez et noblesse de Flandres: contenant l'histoire généalogique des comtes de Flandres... di Philippe De l'Espinoy 1631.
- Volume 1 di Histoire de tous les ordres militaires ou de chevalerie: contenant leurs institutions, leurs cérémonies, Adrien Schoonebeek 1699.
- Journal de la paix d'Arras ... entre Charles VII et Philippe le Bon di Antoine de la Taverne , Jean Collart 1651.
- Histoire des roys, ducs et comtes de Bourgongne et d'Arles... par André Du Chesne 1619.
- The Golden Fleece: (la Toison D'or) di Amde Achard.
- La Toison d'Or expo del 1962 a Bruges.
- Le Grand Armorial de la Toison d'Or d'Anthoine de Beaulincourt 1550.
- L'Armorial de la Toison d'Or. Manoscritto biblioteca nazionale di Francia.
- Armorial de la Toison d'Or di J.Dubois e J.Deconnick 1974.
- Armies of Medieval Burgundy 1364-1477. Osprey MAA 144, 1983.
- Ancienne Armorial equestre de la Toison d'Or di L.Larchey Parigi 1854.
- Livre du toison d'or. Manoscritto edizione olandese 16 secolo Biblioteca di stato bavarese.
- Armorial des vingt-trois chapitres de l'ordre de la Toison d'or (Lille 1431 - Gand 1559) Du Puy, Parigi 2007.
- Les chapitres de la Toison d'Or à l'époque bourguignonne di F.Von Gruben- Lovanio 1997.
- L' ordre de la Toison d'or, de Philippe le Bon à Philippe le Beau (1430 - 1505) Turnhout 1996.
- Les chevaliers de l'Ordre de la Toison d'or au XVe siècle. Francoforte 1994.
- Nomi ed arme dei cavalieri del Tosone d'oro - Italia 1560 Biblioteca stato bavarese.
- Ordine de cavalieri del Tosone (d'oro) Venezia, Accademia, 1558.
- L'ordre de la Toison d'or, de Philippe le Bon à Philippe le Beau (1430-1505) : idéal ou reflet d'une société ?, di C.Van der Bergen. Bruxelles, Bibliothèque royale, 1996.
- Statuts de l'ordre de la Toison d'Or , manoscritto. Bruges 1486 British Library.
- Statutes and Armorial of the Order of the Golden Fleece, Ann Payne British Library.
- Charles le Téméraire: Faste et Déclin de la Cour de Bourgogne, by Susan Marti, Till-Holger Borchert, e Gabriele Keck - Brussels 2008.

TITOLI PUBBLICATI - ALREADY PUBLISHING

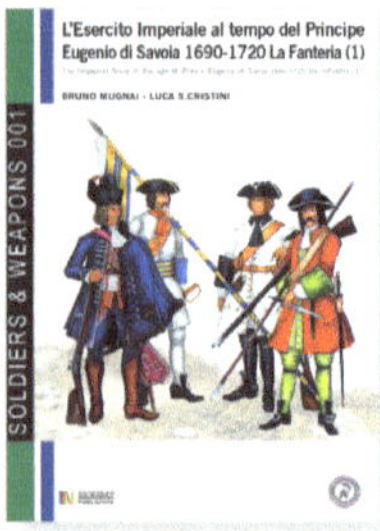

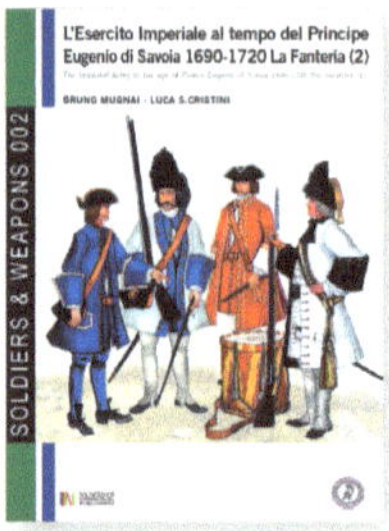

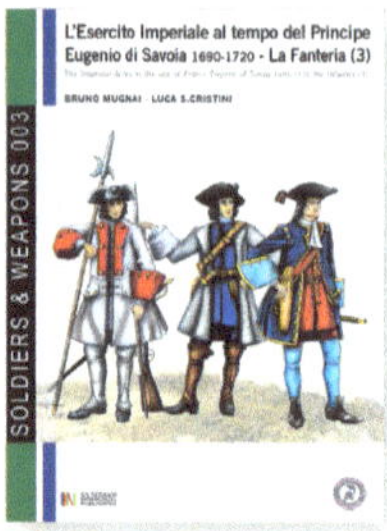

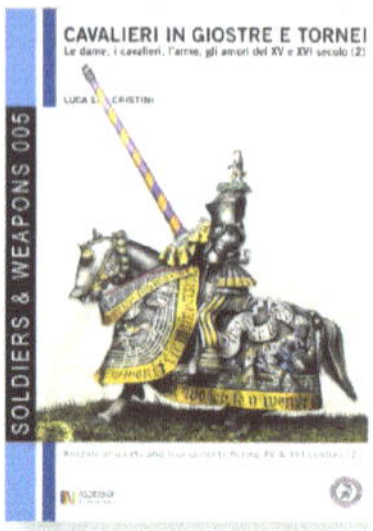

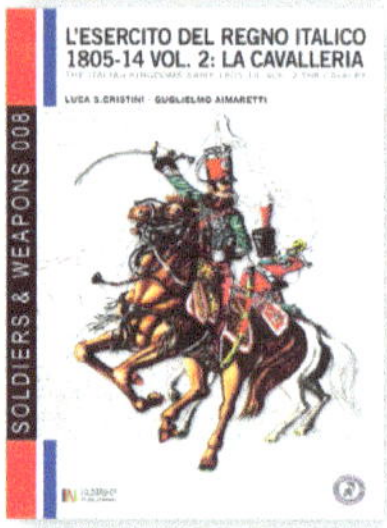

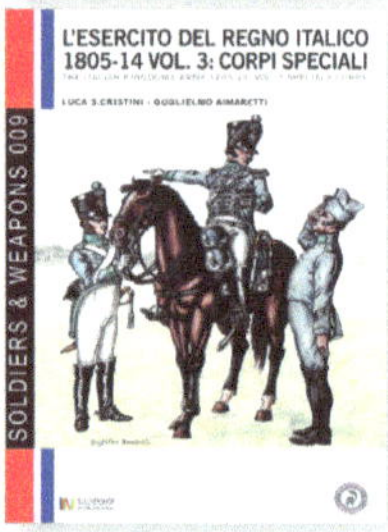

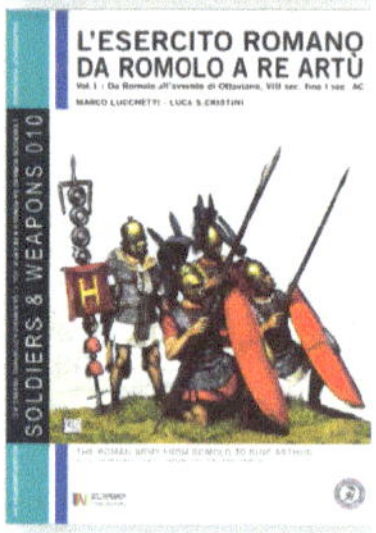

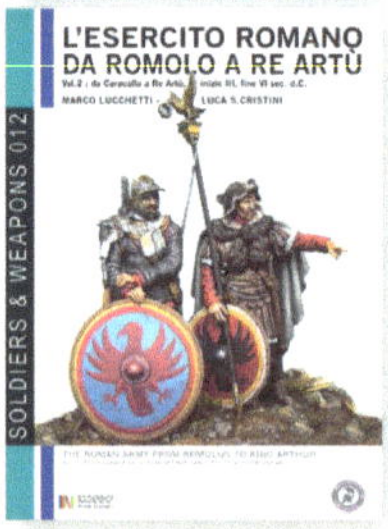

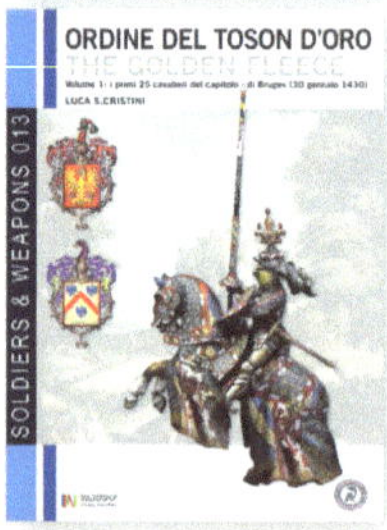

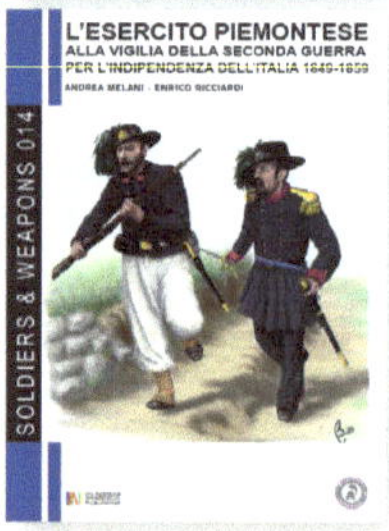

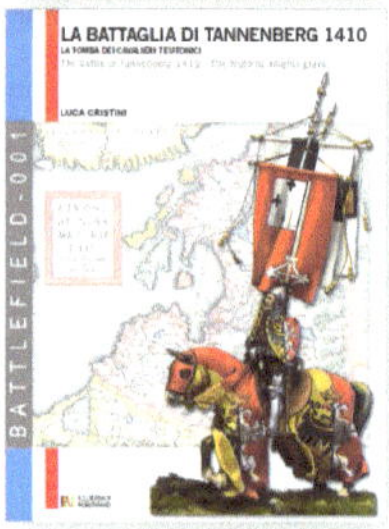

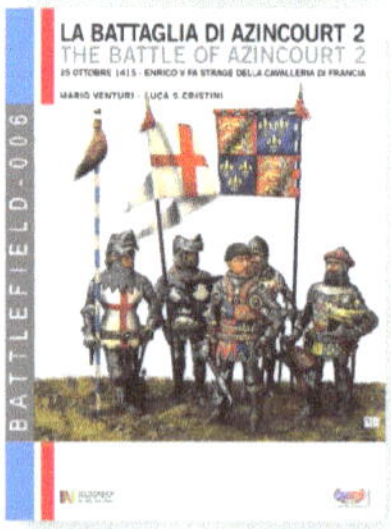

WWW.SOLDIERSHOP.COM   WWW.BOOKMOON.COM

www.ingramcontent.com/pod-product-compliance
Lightning Source LLC
LaVergne TN
LVHW070446070526
838199LV00037B/703